La conception juridique du contrat d'assurance-vie

Collection « Études africaines »

dirigée par Denis Pryen et son équipe

Forte de plus de mille titres publiés à ce jour, la collection « Études africaines » fait peau neuve. Elle présentera toujours les essais généraux qui ont fait son succès, mais se déclinera désormais également par séries thématiques : droit, économie, politique, sociologie, etc.

Dernières parutions

Holy HOLENU MANGENDA, *Kinshasa. Urbanisation et enjeux écologiques durables*, 2020.
Jean-Claude ELOUNDOU, *Afrique : ton développement en question*, 2020.
Boureïma Nikiema OUÉDRAOGO, *Sociologie des violences contre l'État au Burkina Faso. Question nationale et identités*, 2020.
Jean-Fernand BÉDIA, *Lumières postcoloniales, Pour un nouvel esprit critique littéraire en Afrique francophone*, 2020
Simon NGONO (dir.), *La communication de l'État en Afrique. Discours, ressorts et positionnements*, 2020.
Martin Fortuné MUKENDJI MBANDAKULU, *L'éthique de l'enseignant. Le contexte de la République démocratique du Congo,* 2020.
Jean-Célestin EDJANGUÉ, *Urgence climatique et développement en Afrique. Les médias en première ligne*, 2020.
Jean-Célestin EDJANGUÉ, *Jeunes d'Afrique, jeunes du monde. Les combats de tous les espoirs*, 2020.
Cyrille MBIAGA, *Diaspora et système diasporique. Moteur de développement du Cameroun*, 2019.
Nakpane LABANTE, *La Compagnie togolaise des mines du Bénin (CTMB) et l'exploitation des phosphates du Togo (1954-1974)*, 2019.
Pierre MOUKOKO MBONJO, *Le Ghana : La marche vers la démocratie*, 2019.
Pierre MOUKOKO MBONJO, *Armée, pouvoir et démocratie en Afrique : l'exemple du Nigéria*, 2019.

Jean-Pierre Kabanyishi Mukuna

La conception juridique du contrat d'assurance-vie

Étude comparative des Codes français et congolais

L'Harmattan

5-7, rue de l'École-Polytechnique, 75005 Paris

http://www.editions-harmattan.fr

ISBN : 978-2-343-18969-7
EAN : 9782343189697

A ma famille

A mon épouse TATYANE KAMWANYA KAYEMBE
pour la patience et le soutien qu'elle m'a témoignés
pendant le temps qu'a duré la réalisation de cet ouvrage

A mes enfants :
CARREL MUKUNA KAPAMBU
VANESSA MUKUNA MBOMBO
NEHEMA MUKUNA BIMANYA,
je vous invite tous à nager dans la mer de sciences.

A mon feu Grand frère
KATUALA KABA KASHALA JOSEPH MEDARD
pour avoir été une source d'inspiration.

REMERCIEMENTS

A Monsieur YVAN HENRI GUSTAVE GOFFART pour m'avoir avoir appris le sens de travail et surtout pour son soutien moral et financier tout au long de la rédaction de cet ouvrage.

A mes professeurs de l'Université de Lubumbashi : Monsieur : G.Kishiba Futula, G.Tshizanga, L. Lomendja Vanda, A. Kitopi Kimpimde L Ndjibu, G. Musanga mwenya, JB Esambo, M. Luyamba G. Badi, G.Banza Malale, V. Kalunga, S. Nkwanda, J.Kazadi, pour m'avoir appris le Droit.

A mes estimés confrères, Maitres G.Muteba, E.Tshisekedi, JP Matunga, Talos Emanoge Talosako, Tony Katuala, Blaise Masudi, et Magistrat Simon BEYA par leurs précieux conseils, m'ont soutenu moralement tout au long de l'élaboration de ce travail.

A Monsieur WILLY PRINCE KAPAMPU pour m'avoir donné le goût des assurances car les assurances il le vit au quotidien.

PRÉFACE

Partant du titre suivant « la conception juridique du contrat d'assurance-vie : Étude comparative des codes français et congolais », KABANYISHI MUKUNA Jean-Pierre en constitue son cheval de bataille pour démontrer et dégager les failles (du code des assurances congolais), et permettre une suite logique d'exploitation des activités assurancielles en République Démocratique du Congo. Il énonce, par ricochet, l'applicabilité de principes et des réalités assurancielles, considérant ce secteur économique dans l'état concurrentiel actuel. L'auteur, observons-le, dans cette publication, attire l'attention des lecteurs sur le fait que la R.D. Congo vit une expérience encore jeune sur le secteur d'assurance en général, et de l'assurance vie en particulier, cela à la veille de passage du régime monopoliste, au régime compétitif.

Plus nous est, de spécifier que l'auteur utilise un style simple et perméable qui permet à chacun de se retrouver dans la lecture d'une part et il renforce la connaissance juridique et académique dans l'approche comparative qu'il engrange en se plaçant sur le fond, du droit français et du droit congolais d'autres part. Les assurances, constate-t-il, constituent une assignation de la vie, mais l'assurance de la branche vie, est une pointure, et briseuse de déséquilibre imprévisible du futur, face aux fatalités. En bref, ce dont nous sommes convaincus, est que le chercheur KABANYISHI MUKUNA Jean-Pierre place son investigation sur l'arène épistémologique dont le curseur clignote sur la branche-vie.

Cette monographie, mettons-la en exergue, est une véritable démonstration des réalités assurantielles dont l'esprit incarne la réalité de la vie économique des congolais. Aussi révèle-t-il, encore, des inadéquations dans certaines applications dues à la réalité de la logique locale.

En République Démocratique du Congo, le domaine d'assurance est mal connu. Les congolais en majorité n'ont pas la culture d'assurance du fait que celle-ci est, entre autre, fonction de pouvoir d'achat. Or l'assurance est une réalité sociale, économique et culturelle. Il s'agit ici d'envisager le contrat d'assurance-vie, en privilégiant le contrat dit de « placement » en se fondant ensuite sur l'étude des textes législatifs et réglementaires encadrant le déroulement des opérations d'assurances.

Ce livre est une œuvre qui mérite une assise dans des milieux publics, son contenu est riche en renseignements et l'auteur fait une démonstration scientifique pour miroiter le sens actuel de l'assurance-vie et donne ainsi l'opportunité à ce secteur d'être compté parmi le poste capable de booster le développement de la République Démocratique du Congo, son pays.

Antoine MBANGI MBONZALE
Professeur

INTRODUCTION

Le domaine d'assurance, si nous pouvons d'emblée utiliser un langage imagé, est comparé à un arbre dont les racines sont plongées dans les quotidiens des réalités des activités de la vie sociale. Les divers types d'assurances tels que : « assurance automobile », « assurance éducation », « assurance-vie », « assurance-incendie », etc. sont les branches de cet arbre qui constituent, par définition, des sortes de garanties pour les risques à couvrir. Ce sont en fait ces branches qui, dans les pays organisés, servent, entre autres, comme des indicateurs privilégiés et objectifs de mesure aussi bien de la qualité que du niveau de vie du peuple.

Dans les pays où il existe donc une réelle culture des assurances, les effets de ces dernières sont observables à partir de la prise de conscience d'un chacun quant au besoin de se protéger contre les aléas de la vie ; besoin par ailleurs renforcé par l'intervention du pouvoir public. Il n'existe aucun secteur de la vie humaine que l'assurance ne puisse concevoir. Qu'il s'agisse du domaine social, économique, culturel, scientifique, sanitaire, industriel, écologique, etc. dans la mesure où les individus, de manière isolée ou collective, peuvent être affectés par un sinistre quelconque, il est recommandé de se faire couvrir par une police d'assurance appropriée au besoin qu'on éprouve.

En s'inspirant de l'idée de J. C. NAIMI quand il dit que : « protéger son patrimoine et ses moyens de production, se couvrir contre les aléas de la vie est un souci légitime que ce soit de la part des chefs d'entreprise ou des particuliers, afin d'empêcher tout sinistre durablement et irrémédiablement d'affecter les biens de la santé ou les revenus »[1].

Dans notre pays, le domaine de l'assurance est mal connu. C'est un constat amer mais vrai. Les Congolais, dans leur très grande majorité, ne comprennent pas que l'assurance est une réalité sociale, un fait et aussi un vécu culturel. Nous nous sommes toujours demandé comment faire comprendre aux gens que l'assurance est une expression de droit à la vie, à l'équilibre, à la sécurisation, à la protection et même à la prospérité. Avec 0,4 %, la RDC a l'un des taux de pénétration des assurances les plus faibles d'Afrique. Pour autant, cette faiblesse reste à relativiser sur le plan numérique et, loin de constituer une menace, la faible couverture du marché congolais est un « puissant potentiel ». Ce secteur des assurances libéralisé mais presque inexploité attire les investisseurs tant locaux qu'étrangers.

Le faible taux de pénétration de la RDC s'explique aussi par la « perte de confiance » dans le système des assurances. Car le rôle d'un assureur consiste à indemniser les sinistres, pour ne pas dire à tenir ses promesses.

Or, après près de cinquante ans de monopole sectoriel, on ne peut pas affirmer aujourd'hui que la SONAS est en mesure d'indemniser ses clients correctement. Les Congolais, comme les potentiels assurés, ont eu le réflexe naturel de se « désassurer » ou de s'orienter vers des assureurs étrangers. La réforme actuelle est justement une réponse à ce problème. La concurrence pousse les assu-

---

[1] J. C. NAIMI, *Le courtage d'assurance*, Paris, Éd. L'Argus, 1992, p. 9.

reurs à améliorer leurs services et offre à l'assuré un panel de choix en fonction de ses besoins.

La vulgarisation de l'organisation, du fonctionnement et des objectifs des services d'assurance est une étape fondamentale pour une prise de conscience de l'importance de ces services. C'est pourquoi nous avons voulu, dans ce cadre, nous pencher sur la conception juridique du contrat d'assurance-vie, étude comparative des codes des assurances français et congolais. Bien que portant essentiellement sur ce type particulier de l'assurance, notre propos s'ouvre néanmoins sur une vue générale du domaine afin d'orienter ceux qui ne seraient pas familiarisés avec ce dernier.

Le contrat d'assurance-vie constitue incontestablement le contrat le plus important des contrats relatifs aux assurances de personnes. C'est pourquoi on doit mettre en relief la véritable nature juridique de ce contrat, et ce, pour mieux cerner les apports de cette institution. Ces apports peuvent être relevés au niveau de la validité, la souscription du contrat, les droits et obligations des parties et au niveau de l'impact du contrat à l'égard des bénéficiaires et des tiers.

Le présent ouvrage n'a pas pour ambition ou pour objet de décrire dans le détail le marché de l'assurance-vie, ni encore de préciser le régime des différentes formes d'assurance-vie collective.

Il s'agit ici d'envisager le contrat d'assurance-vie, en privilégiant le contrat dit de « placement » en se fondant sur l'étude des textes législatifs et réglementaires encadrant le déroulement des opérations d'assurances en France comme en RDC.

En droit congolais, il s'agit de la loi n° 15/005 du 17 mars 2015 portant Code des assurances. Code des assurances constitue une véritable révolution dans ce secteur, qui a été jusqu'ici marqué par la disparité des lois, parfois obsolètes et inadaptées aux conventions internationales en la matière, et par le monopole accordé à la Société Nationale d'Assurances.

Il va sans dire que le Code des assurances congolais s'est inspiré de celui de la France. Il sera cependant question de se référer au Code des assurances français[2]. À titre de référence et surtout sur sa jurisprudence en la matière.

---

[2] Il s'agit de la loi sur le contrat d'assurance du 13 juillet 1930 qui, remanié à diverses reprises, en demeure encore aujourd'hui la charte, à travers le livre I du code des assurances qui en a intégré les dispositions.

PREMIÈRE PARTIE

CADRE CONCEPTUEL

CHAPITRE 1

Généralités

SECTION 1. DÉFINITIONS DE CONCEPTS FONDAMENTAUX

Il est nécessaire d'expliquer ici le contenu d'un certain nombre de notions clefs autour desquelles s'articule notre réflexion. Ces notions sont les suivantes :

§1. Assurance

Le terme « assurance » fait partie de ces mots que tout le monde connaît, mais qu'il n'est pas aisé de définir, le juriste que nous sommes a besoin de définitions exactes pour bâtir le droit, cependant, la loi portant Code des assurances congolais ne définit pas cette dernière, bien qu'étant votée par les deux Chambres.

L'assurance est un mot polysémique. Au sens qui nous est coutumier, elle est un contrat juridique. Joseph HÉMARD la définissait comme « une opération par laquelle une personne, l'assuré, se fait promettre, moyennant une rémunération (la prime), pour lui ou pour un tiers, en cas de réalisation d'un risque, une prestation par une autre partie, l'assureur, qui, prenant en charge un ensemble de risques, les compense conformément aux lois de la statistique »[3]. Cependant si on s'intéresse à l'étymologie, assurance, terme issu du latin *securus*, renvoie précisément à une notion de confiance, de prévoyance, de sûreté. Mais pour jouir de confiance, encore faut-il que le mécanisme soit effectif.

Et si la variété des opérations d'assurances et des risques couverts ne permet pas de donner une définition unique et exhaustive de l'assurance, il est néanmoins possible d'envisager et d'analyser ces opérations sous deux angles fondamentaux et d'ailleurs complémentaire, à savoir : l'aspect juridique et économique, d'une part ; l'aspect technique et mutualiste, d'autre part.

Sous son aspect juridique et économique sinon commercial (dans la mesure où l'assureur est en quelque sorte vendeur de sécurité), l'assurance peut être définie comme suit :

Elle est « une opération par laquelle une partie, assurée, se fait promettre moyennant une rémunération, la prime ou cotisation, une prestation par une autre partie, l'assureur, en cas de réalisation d'un risque ».

Dans son article intitulé « De la vie de l'assurance à l'assurance-vie, essai de perspective sociologique », l'auteur MBANGI MBONZALE ne définit pas le terme « assurance » mais articule autour du contrat d'assurance que « C'est un contrat par lequel une partie, l'assuré, se fait promettre moyennant une rémunération appelée prime, pour lui ou pour un tiers convenu, en cas de réalisation d'un risque déterminé (exemple : l'incendie, le décès ou autre forme d'accident) une prestation par une autre partie en présence, l'assureur, qui à son tour compense selon les lois de la statistique l'ensemble des risques qu'il accepte d'assurer. Pour nous l'assurance est, en définitive, une

[3] HÉMARD Joseph, *Théorie et pratique des assurances terrestres*, tome 1, *La notion, l'évolution, la science de l'assurance terrestre*, Paris, Librairie du Recueil Sirey, 1924-1925.

sorte de garantie morale et/ou matérielle contre certains risques, cela moyennant le paiement d'une somme d'argent appelée prime »[4]

§2. Assurance-vie

Le terme « assurance-vie » n'est nulle part défini. Les codes des assurances français ainsi que congolais ne mentionnent ou ne prévoient aucune définition de l'assurance-vie, mais pour ne pas seulement se limiter aux lois, certains auteurs tentent de le définir en se focalisant sur le contrat d'assurance, ce qui n'est pas juste ni correct. En vue de faciliter la compréhension de tout lecteur, il est très impérieux de définir ce concept car il est le noyau même de cet ouvrage.

Il s'agit d'un contrat par lequel l'assureur s'engage au paiement d'un capital ou d'une rente au profit d'une personne désignée dans le contrat lorsque survient l'événement indiqué ; soit le décès, soit le fait qu'une personne déterminée atteigne un certain âge (par exemple, 60 ans ou 65 ans). On peut encore en d'autres termes le définir comme un contrat par lequel l'assureur s'engage envers le souscripteur, moyennant une prime, à verser une somme déterminée au bénéficiaire désigné, l'exécution de son obligation dépendant de la durée de la vie de l'assuré.

Ce contrat permet de réaliser un placement financier intéressant (la rémunération du placement est généralement aux alentours de 4 % pour le placement sans risque). C'est un bon moyen de préparer un capital pour la retraite et une garantie de fonds pour sa famille en cas de décès.

---

[4] MBANGI MBONZALE, « De la vie de l'assurance à l'assurance vie, essaie et perspective sociologique », www.unilu.ac.cd

§3. Assuré

Toute personne qui, ayant intérêt à se couvrir d'un risque quelconque (cas de décès, maladie, responsabilité civile, etc.), décide de prendre une assurance à son profit personnel ou parfois à celui d'une tierce personne convenue, telle que l'épouse, les enfants, en cas de décès.

En d'autres termes avec Yvonne LAMBERT, l'assuré est la personne sur la tête de laquelle pèse le risque. En matière d'assurance-vie, c'est donc un élément de sa vie (décès ou survie) qui sert de référence au risque : l'expression « tête assurée » est à cet égard fort exacte, car c'est toujours une personne physique.[5]

§4. Assureur

Toute institution qui, moyennant le paiement d'une prime, s'engage à verser à l'assuré ou à la personne désignée, une somme d'argent ou une rente en cas de survenance d'un sinistre. Au Congo, la SONAS : Société Nationale d'Assurances est la seule institution légalement reconnue, jouant le rôle de l'assureur depuis 1966 suivant l'ordonnance-loi n° 66/622 du 23 novembre 1966[6].

---

[5] Yvonne L. FAIVRE et Laurent LEVENEUR, *Précis de Droits des assurances*, Dalloz, 13e édition, Paris, 2011, p. 753.

[6] En dehors de la SONAS, les autres maisons agissent en qualité de courtier d'assurance. À ce propos, le courtier d'assurance n'assume aucunement l'obligation dans la conclusion et l'exécution du contrat d'assurance signé entre l'assureur (la SONAS) et l'assuré. En voici quelques-uns : Charles le Jeune, lmmoaf, Boels, Saco, Socodam. Jean-Charles Naimi dit pour cela que les courtiers n'ont pour mandats que de procéder à la souscription, l'encaissement ou la gestion, et le règlement de sinistre.

§5. Bénéficiaire

Le bénéficiaire est toute personne physique ou morale, qui est appelée à recueillir le bénéfice du contrat[7].

§6. Avenant

Document annexé aux conditions particulières du contrat, afin de prendre en compte la nouvelle situation et les garanties y relatives, il permet de ne pas rédiger un nouveau contrat suite, par exemple, au changement d'adresse, au changement de capital ou des ayants droit.

§7. Prime

Elle est la somme d'argent que paie l'assuré représentant la contrepartie de son engagement pris par l'assureur afin de couvrir l'autre partie, l'assuré, du risque ayant été préalablement fait l'objet dans la police d'assurance, c'est-à-dire dans le contrat d'assurance technique. La liste que nous avons donnée ci-haut ne reprend que les concepts considérés les plus pertinents pour la compréhension du présent travail. Les définitions proposées sont tirées des explications qu'en fournissent l'annexe du « Plan comptable congolais » appliquée aux assurances et celle du « lexique de droit des affaires zaïrois »[8].

Section 2. Naissance de l'assurance

§1. Évolution historique

L'assurance est ancienne et l'aléa, son essence, remonte au droit romain qui mit en place un contrat de rente via-

---

[7] Yvonne L. FAIVRE et Laurent LEVENEUR, *op. cit.*, p. 753.

[8] NGUYEN *et al.*, *Lexique de droit des affaires zaïrois*, Kinshasa, C.N.R.P., 1972.

gère de personne à personne, contrat repris au Moyen Âge[9]. Les premiers contrats d'assurance de transport maritime ont été établis au XIVe siècle, à Gênes[10]. Puis, au XVIIe siècle, le développement des rentes viagères fut stimulé par l'invention des tables de mortalité 4 par William Petty qui rédigea en 1662 un livre sur le sujet intitulé *Arithmétique politique*[11]. Le Grand incendie de Londres de 1666 donna naissance, en 1680, à la première assurance-dommages terrestres : l'assurance-incendie[12]. Avec l'essor du commerce maritime, au XVIIIe siècle, les premières sociétés d'assurance spécialisées dans les assurances maritimes apparurent[13].

L'assurance connut alors quelques rebondissements. En effet, par une ordonnance de 1681, Colbert proscrivit les assurances sur la vie[14]. Et en 1793, la Révolution française interdit les entreprises d'assurance, les considérant comme spéculatives[15]. Cette activité fut de nouveau autorisée en 1816 par une ordonnance royale et le Conseil d'État[16]. En 1817, Benjamin DELESSERT fonda la Compagnie royale d'assurances maritimes, d'incendie et d'assurance-vie[17], première Compagnie d'assurance française après la Révolution. De nombreuses sociétés d'assurance virent

---

[9] Sén., Comm. des Finances, Rapp. d'information n° 45 : « La situation et les perspectives du secteur des assurances en France », présenté par Alain Lambert, 29 octobre 1998, Chapitre I / II. Repères Historiques, p. 14, consulté le 6 novembre 2018.

[10] *Idem*, p. 15.

[11] *Ibidem*.

[12] *Ibidem*.

[13] Sén., Comm. des Finances, Rapp. d'information n° 45 : « La situation et les perspectives du secteur des assurances en France », présenté par Alain Lambert, 29 octobre 1998, Chapitre I / II. Repères Historiques, p. 18, consulté le 6 novembre 2018.

[14] *Idem*, p. 18.

[15] *Ibidem*.

[16] *Ibidem*.

[17] *Ibidem*.

ensuite le jour. En 1818, Martin ANDRÉ créa ainsi les Assurances générales.

Depuis, l'activité d'assurance n'a cessé de se diversifier et de croître. La loi de 1830 établit un système d'assurances sociales obligatoires pour les salariés à bas revenus, considérées comme l'ancêtre des assurances collectives[18] et en 1861, la mutuelle la Préservatrice inventa l'assurance contre les accidents de travail[19].

Le développement de l'assurance est étroitement lié à l'actualité économique et sociale. Ainsi, l'assurance-vie connut un fort succès de 1991 à 1997[20] pour ensuite décliner de 1998 à 2007 du fait de la soumission à un prélèvement libératoire de 7,5 % même lorsque la durée du contrat est supérieure à huit ans[21]. De 2008 à 2011, la crise des surprimes accentua ce déclin[22]. Toutefois, depuis 2012, la faiblesse de rémunération des livrets d'épargne remet au goût du jour l'assurance-vie[23].

§2. Éclairage historique de l'assurance-vie

L'assurance-vie a connu, à travers les âges, aussi bien en Europe occidentale qu'en République démocratique du Congo « RDC », une profonde évolution technique, économique et juridique avant de nous parvenir dans sa forme, son organisation et ses règles actuelles.

Dans son discours préliminaire au Traité du contrat d'assurance, Robert Joseph POTHIER considère que « Le contrat d'assurance est l'un des plus remarquables et des

---

[18] Sén., *op. cit.*, note 2, p. 1.

[19] *Idem.*

[20] XERFI, « Les assureurs en France » par Zoé LUCKING, Hélène MEZIANI, Gabriel GIRAUD et Laurent FAIBIS, Code étude : 6ABF10, avril 2016, p. 22.

[21] *Idem*, p. 22.

[22] *Ibidem.*

[23] *Ibidem.*

plus intéressants, que le génie de l'homme ait produit. Mis en usage longtemps après tous les autres contrats maritimes, il s'est, pour ainsi dire, élevé tout d'un coup au-dessus d'eux et a fixé l'attention par la profondeur de ses combinaisons, l'importance de ses services, la beauté de ses règles, et l'infinie variété des cas auxquels elles reçoivent l'application ». Cette expression résume l'origine de l'assurance[24].

Il est en effet notoire aujourd'hui que l'institution est une émanation du commerce maritime et plus précisément « le prêt à la grosse aventure »[25].

Au Moyen Âge, nous retrouvons l'institution des Ghildes danoises et saxonnes qui ne sont autre chose que de vastes associations d'assurances générales et mutuelles : assurances maritimes, assurances contre l'incendie, assurances contre certaines peines pécuniaires, enfin assurances contre la mort. Pour faire partie de ces associations, il y avait une prime à payer, laquelle consistait, non pas en argent seulement, mais aussi en denrées[26].

Dès le XVIe siècle, il fut formé à Florence des associations sur les risques de vie et de mort. Mais, c'est en 1698, dans une de ces corporations de métiers, que l'idée de l'assurance sur la vie se dessine plus nettement. Le premier établissement qui reçut une consécration légale fut

---

[24] R. J. POTHIER, *Traité du contrat d'assurance avec un discours préliminaire, des notes et un supplément*. Marseille, Sube et Laporte, 1810, p. 9.

[25] V. Notamment V. BRULHART, « Petite histoire de l'assurance : du commerce maritime à la protection des consommateurs ». *In :* Fuhrer S. (eds.), *Mélanges à l'occasion du cinquantième anniversaire de la Société suisse du droit de la responsabilité civile et des assurances*, Schulthess, Genève, p. 59-69, 2010, disponible sur Internet, Unisciences Université de Lausanne.

[26] L. A. DE MONTLUC, *Assurances sur la vie dans leur rapport avec les principes du droit civil, du droit commercial et les lois de l'enregistrement*, Paris, 1870, p. 13.

autorisé en 1706 par la charte de la reine Anne sous la dénomination de « Société amicale » ou « Assurance perpétuelle »[27].

À la différence de l'Angleterre, la plupart des nations de l'Europe moderne bannirent d'abord de leurs législations l'assurance sur la vie[28].

Au XVIIe siècle, Blaise PASCAL pose les bases du calcul moderne des probabilités, suivi en cela par des mathématiciens tels que Pierre de FERMAT ou l'astronome Edmond HALLEY à qui l'on doit les premières tables de mortalité (1693) ; plus tard encore, au XVIIIe siècle, Jacques BERNOUILLI formule la « loi des grands nombres ». Les bases étaient ainsi jetées pour qu'émergent des institutions exploitant la technique d'assurance de façon systématique[29].

En France, lorsque Colbert codifie les activités liées à la mer par son ordonnance de 1681, il ne prévoit aucun rôle particulier pour l'assurance. La même année, il prohibe les assurances sur la vie, comme « pari immoral »[30].

La France est en retard d'un siècle sur son voisin anglais car les rôles d'Oléron, le Guidon de la mer et l'ordonnance de la marine de 1681, s'ils autorisent le rachat des captifs pris par les Barbaresques, défendent « de faire aucune assurance sur la vie des personnes »[31].

---

[27] L. A. DE MONTLUC, *op. cit.*, p. 14.

[28] À titre d'exemple : le Statut de Gênes de 1588 ; l'ordonnance d'Amsterdam de 1578 et celle de Rotterdam, art. 10, de 1604 ; l'art. 2 de celle de Middelbourg de 1600 ; le Code suédois, chap. V, de 1666 ; l'ordonnance de Pays-Bas, chap. II, 1570 ; enfin l'ordonnance de 1681, art. 10, pour la France.

[29] V. BRULHART, *op. cit.*, p. 77.

[30] Sénat, « Assurons l'avenir de l'assurance », Rapport d'information 45 (98-99), tome II – Commission des finances, fait par A. LAMBERT au nom de la commission des finances, disponible sur Internet, http://www.senat.fr

[31] M. BELMONT et H. LASCOMBES, « Histoire anecdotique de l'assurance sur la vie », GP, 1er avril 2006, n° 91, p. 2.

Le développement de l'assurance-vie en Angleterre pousse le gouvernement français à réagir et c'est le 3 novembre 1787 qu'un arrêt du Conseil du Roi autorise la création de la Compagnie royale d'assurances[32]. Mais, la révolution mit fin à son activité et les compagnies d'assurance-vie furent interdites[33].

La fin du XIXe siècle et le début du XXe siècle furent l'âge d'or de l'assurance-vie. Ainsi, les Assurances générales sont créées en 1819, l'Union en 1828, ainsi que le Phénix, le Soleil, l'Urbaine, etc. Les grands groupes français d'assurance en sont issus en droite ligne. Les promoteurs de l'assurance sont les banquiers de la haute banque. Ce sont les entreprises d'assurance dites « à cotisations fixes » par opposition aux mutuelles qui vont se développer tout au long du XIXe siècle avec l'appui de l'État[34].

---

[32] M. BELMONT et H. LASCOMBES, *op. cit.*, p. 3.
[33] G. LAMELOT et J. LERICH, *Assurance-vie : prévoyance, épargne, retraite*, 2e éd., Paris, Delmas, 1989, p. 22.
[34] M. BELMONT et H. LASCOMBES, *op. cit.*, p. 7.

CHAPITRE II

Du contrat d'assurance-vie

SECTION 1. NOTION

Durant les trois dernières décennies, le secteur des assurances en RDC à l'instar des autres pays occidentaux et plus particulièrement la France qui fait aussi l'objet de notre étude, a connu une profonde mutation et s'est trouvé ainsi confronté à un grand et important défi (libéralisation) et qui a affecté considérablement le processus de son développement.

Conscients de l'importance de l'assurance-vie dans le financement de l'économie et surtout le développement économique, les pouvoirs publics français et congolais ont initié d'importantes réformes de la branche. Ces réformes ont bouleversé les paramètres sociaux en relation avec l'assurance en général et l'assurance-vie en particulier pour la RDC.

L'assurance-vie dans le contexte congolais et français présente des aspects accessibles et intéressants à étudier. Les aspects socio-économiques du sujet présentent une importance qui n'est pas des moindres.

§1. Des définitions et caractéristiques

Le droit français ne donne pas de définition légale du contrat d'assurance-vie. Ainsi, ni la loi de 1930, ni le code de 1976 ne comportent une définition légale du contrat.

Ce silence, étonnant, n'est pas un oubli. Il semble être, notamment, le résultat des difficultés rencontrées, en droit français, pour donner à cet accord de volontés une définition qui satisfasse les professionnels, la jurisprudence et les auteurs qui s'y étaient essayés auparavant[35]. Le législateur français a volontairement évité de donner une définition générale de l'assurance-vie tandis que le législateur congolais prêterait à des controverses doctrinales insolubles et qui ne seraient d'ailleurs d'aucune utilité pratique.

L'assurance-vie appartient à la catégorie des assurances de personnes, c'est-à-dire des assurances relatives à la couverture de risques liés à la vie humaine[36].

Parce qu'il s'agit d'une assurance de personnes, l'assurance-vie est forfaitaire. De ce caractère, il résulte un certain nombre de conséquences. De ce point de vue, l'assurance-vie ne présente aucune particularité par rapport aux autres assurances de personnes. Par essence, les assurances-vie « placement » ne sont pas indemnitaires. Sans doute, certains contrats d'assurance de personnes prévoient des garanties indemnitaires. C'est le cas de certains contrats d'assurances « mixtes » qui garantissent, par exemple, outre le décès, l'invalidité absolue et définitive, l'arrêt de travail et les frais de santé[37].

Relevant de la catégorie juridique des contrats d'assurance, l'assurance-vie est par essence un contrat

---

35 V. NICOLAS, *Essai d'une nouvelle analyse du contrat d'assurance,* Paris, LGDJ, 1996, p. 21.

36 M. LEROY, *Assurance-vie et gestion du patrimoine*, éd. Lextenso, 2011, p. 13.

37 M. LEROY, *op. cit.*, p. 14.

aléatoire. De ce principe découle un certain nombre de conséquences.

Ainsi, parce que le contrat est fondé sur un aléa, la désignation d'un assuré est une condition essentielle et la nomination ou la substitution de bénéficiaire ne peut être opérée, à peine de nullité, qu'avec l'accord de l'assuré, lorsque celui-ci n'est pas le contractant.

1. Caractère aléatoire : le caractère est aléatoire lorsque l'existence ou l'étendue des obligations ne peut être appréciée lors de la conclusion du contrat, car elle dépend d'un évènement futur et incertain (l'existence d'aléa ou d'un hasard, voir article 4, al. 2 CCLIII) qui fait état de la « chance de gain ou de perte ». Tantôt l'aléa portera sur l'existence même de la contre-prestation, le cas du contrat d'assurance[38]. Jacques GHESTIN illustre qu'un contrat est dit aléatoire si « l'une au moins des prestations dépend, dans son existence ou son montant, d'un événement incertain »[39].

En effet, il est logique de donner en quelques lignes les caractères du contrat d'assurance afin d'être exécuté avec toute souplesse, en l'occurrence le contrat d'assurance revêt le caractère :

2. Caractère obligatoire : étant un lien de droit, cela implique une idée de contrainte dans le chef de partis ; en effet, le débiteur est tenu d'exécuter son obligation.

3. Caractère synallagmatique : aux termes de l'article 2 du Code civil, livre III, « le contrat est synallagmatique ou bilatéral lorsque les contractants s'obligent réciproquement les uns envers les autres. Il se caractérise par la réciprocité des obligations »[40].

---

[38] KYABOBA KASOBWA Léon, « Cours de droit civil des obligations », 3e graduat Droit, édition 2016, UNILU, Inédit, p. 18-19.

[39] GHESTIN Jacques, *Traité de droit civil, les obligations, les contrats*, L.G.D.J., Paris, 1980, p. 51.

[40] GHESTIN Jacques, *op. cit.*, p. 7.

En s'inspirant de note de cours de Droit des obligations dispensés par le Professeur Léon KYABOBA, le caractère synallagmatique est qu'il fait naître des obligations réciproques, c'est-à-dire l'assureur est en même temps créancier et débiteur[41].

Dans le contrat d'assurance, l'assuré s'oblige à payer la prime, l'assureur s'oblige, pour sa part, à garantir le risque visé. Si l'assuré est en défaut d'accomplir ses obligations, l'assureur est fondé à ne pas exécuter les siennes. Il est en droit d'invoquer l'exception d'inexécution ou de rompre le contrat[42].

C'est-à-dire ce caractère se constate lors de l'exécution par l'assureur qui ne peut intervenir qu'au cas où un quelconque évènement éventuel survient, mais le souscripteur est tenu d'exécuter son contrat en versant le Prix.

4. Caractère patrimonial : en prenant le cas d'une assurance-vie qui est la seule formule d'épargne qui permet d'avoir un capital en ne versant qu'une seule prime ou fraction de prime. De ce fait, elle revêt un caractère patrimonial, du fait qu'il constitue un bien pouvant faire objet de succession pour cause de mort ou d'une donation.

5. Caractère consensuel et solennel, il revêt le caractère consensuel lorsqu'il exige le seul accord de volonté (voir art. 37 et 264 du CCLIII) car il consacre le principe de l'autonomie de la volonté sauf en cas d'une exception pour de contrat d'assurances obligatoires tel que le tout risque et chantier, d'une part, l'automobile et l'incendie d'autre part, le caractère solennel implique une formalité quelconque à remplir lors de la conclusion du contrat prévu par des textes légaux.

Il est réputé conclu dès l'accord des parties sans qu'il soit nécessaire d'accomplir des formalités. Mais GHES-

---

[41] KYABOBA KASOBWA Léon, *op. cit.*, p. 16.

[42] TSHIZANGA MUTSHIPANU, *Droit congolais des assurances*, éd. Connaissance du droit, Kinshasa, mai 2010, p. 51.

TIN estime, par contre, que le contrat d'assurance est un contrat non pas consensuel mais solennel dès lors que la loi exige qu'il soit constaté par un écrit[43].

Notons que les assurances obligatoires ne vont pas sans poser problème au regard du principe de la liberté contractuelle, car l'idée même d'assurance obligatoire est choquante puisque, par construction, l'assurance est un acte libre, et qu'à la différence de la sécurité sociale[44], nul n'est tenu de s'assurer.

Mais il peut cependant arriver qu'un tiers au contrat d'assurance paie la prime pour le compte de l'assuré. Dans cette hypothèse, ce dernier n'est pas redevable envers l'assureur de la prime.

6. Contrat successif : le contrat d'assurance est à exécution successive. Cela veut dire qu'il s'étale dans le temps. Qu'elle soit longue ou brève, la garantie de l'assureur dure dans le temps après la conclusion du contrat. Cela a une incidence sur la rupture du contrat et sur la nature de la prime.

Étant à exécution successive, le contrat d'assurance ne peut pas être rompu avec effet rétroactif[45].

7. Contrat à titre onéreux : « le contrat à titre onéreux est celui qui assujettit chacune des parties à donner ou à faire quelque chose », dispose l'article 6 du Code civil congolais, livre III. Selon le professeur TSHIZANGA, il estime que cette définition est fausse dans la mesure où elle confond le contrat à titre onéreux et le contrat synallagmatique[46].

En réalité, le contrat à titre onéreux est un contrat aux termes duquel celui qui s'oblige le fait en vue d'obtenir de

---

[43] *Idem.*

[44] De BOISSIEU Jean-Luc, *Les assurances faciles*, éd. LMP, Paris, 2001, p. 82.

[45] TSHIZANGA MUTSHIPANU G., *op. cit.*, p. 53.

[46] *Idem*, p. 53.

son contractant un avantage correspondant à celui qu'il lui procure.

8. Contrat d'adhésion : le contrat d'adhésion est un contrat pré-rédigé unilatéralement par l'une des parties, l'autre partie étant tenue d'y adhérer sans possibilité de le modifier[47].

§2. Distinction avec d'autres opérations d'assurances

L'assurance-vie ne doit pas se confondre avec deux autres types d'opérations, qui étant liées à la durée de vie humaine et régies par le Code des assurances, sont pourtant d'une autre nature.

Dans cet esprit, nul ne peut contester le caractère aléatoire du contrat d'assurance. Mais, nul ne peut nier aujourd'hui que l'objet véritable de l'assurance n'est pas la réparation en elle-même, ou tout au moins n'est pas uniquement la réparation des préjudices probables. L'objet du contrat d'assurance revient plutôt à une circonstance nécessaire à l'exercice normal de l'activité ou à la dissipation de l'inquiétude[48].

En matière de contrat d'assurance, l'assureur loue à l'assuré son organisation et sa disponibilité à faire à un éventuel risque. La réglementation de l'assurance quand elle consacre l'essentiel de ses prescriptions à la réalisation effective par les assureurs de leurs engagements à réparer les dommages éventuels subis par les assurés.

Pour les adversaires de la licéité de l'assurance, l'interdiction se justifie aussi parce que le dommage à réparer n'est pas déterminable à la date de conclusion du risque. Cet argument semble éloigné du contexte du con-

---

[47] GHESTIN Jacques, *op. cit.*, p. 257 et 483.

[48] M. JAWHAR, « Point de vue des jurisconsultes musulmans du contrat d'assurance commercial », *Revue marocaine de droit et d'économie de développement* n° 918-1988, p. 15.

trat d'assurance car la nature du dommage obéit à la précision la plus stricte dès la conclusion du contrat. Seule la valeur exacte, ou le montant de sa réparation, peut demeurer liée à la date de réalisation du risque. Toutefois, la valeur maximum de la réparation est toujours fixée à la souscription du contrat.

Aussi, les juristes en question étendent leur argumentation pour considérer que la date de réalisation du risque constitue non seulement une situation d'indéterminabilité, mais aussi un cas d'aléa impossible à connaître à l'avance, voire peut ne pas avoir lieu. En conséquence, elle constitue un élément aléatoire.

§3. Conditions de la souscription

Juridiquement, le contrat d'assurance-vie est basé sur des règles légales ayant trait au principe de l'autonomie de la volonté. Toutefois, pour la validité du contrat, certaines règles d'ordre impératif sont à observer par les parties, et donc viennent limiter le domaine d'application de la liberté contractuelle en matière d'assurance-vie.

1. Les parties au contrat

Le contrat d'assurance-vie, comme tout contrat d'assurance, intéresse d'abord ceux qui l'ont conclu, c'est-à-dire l'assureur et l'assuré. Mais dans certains cas, des tiers sont concernés par le contrat d'assurance, alors même qu'ils n'ont pas participé à sa conclusion[49].

[49] S. BERTOLASO, « Assurance terrestre, contrat d'assurance, règles communes, fonctionnement du contrat », JCl. Civil annexes, Fasc. 5-40, 22 novembre 2006.

A. L'assureur

L'assureur est la partie au contrat qui s'engage à garantir l'assuré contre les risques prévus au contrat, et à payer la prestation garantie en cas de sinistre.

Selon la définition donnée par le législateur congolais, l'assureur est « une entreprise agréée pour effectuer des opérations d'assurances ». L'assureur est toujours une personne morale soumise au contrôle de l'État et dont les formes juridiques en droit français ou congolais peuvent être soit : une société d'assurances (anonyme ou à forme mutuelle), régie par le Code des assurances ; une mutuelle, « mutuelles », qui relève du code de la mutualité ou une institution de prévoyance (IP) réglementée par le CNSS ou bien par le code rural pour ce qui est du droit français.

En droit congolais, l'assureur doit être constitué sous forme de société anonyme ou société d'assurance mutuelle dont les règles sont prévues par le Code des Assurances.[50]

B. Les autres parties intéressées au contrat

En dehors de l'assureur, trois personnes peuvent, selon le cas, être intéressées au contrat d'assurance-vie : l'assuré, le souscripteur et le bénéficiaire.

1) L'assuré

La loi définit l'assuré comme étant la « personne physique ou morale sur laquelle ou sur les intérêts de laquelle repose l'assurance ». Cette définition générale donnée par le code à la personne de l'assuré n'est pas adaptée au contexte de l'assurance-vie où l'assuré est toujours une personne physique et le souscripteur peut être une per-

[50] Article 285 Code des Assurances Congolais.

sonne physique comme il peut être une personne morale. La doctrine, quant à elle, retient que l'assuré est la personne dont le décès ou la survie entraîne la réalisation du risque. Cette définition semble plus précise que celle donnée par la loi congolaise.

2) Le souscripteur

Aux termes des articles 3 du CAC et L.132-1 du CAF, « la vie d'une personne peut être assurée par elle-même ou par un tiers ». Le souscripteur peut donc être une personne morale ou physique qui contracte une assurance pour son propre compte ou pour le compte d'autrui et qui, de ce fait, s'engage envers l'assureur pour le paiement de la prime.

La situation est plus complexe lorsque le souscripteur ne s'assure pas lui-même. Dans ce cas, on opère la distinction entre assuré et souscripteur.

3) Le bénéficiaire

C'est la personne physique ou morale désignée par le souscripteur pour recevoir la somme promise par l'assureur si l'évènement assuré, vie ou décès, survient[51]. C'est parfois l'assuré mais c'est souvent une tierce personne.

2. Conditions de validité

Pour être valablement conclu, un contrat d'assurance-vie doit respecter les dispositions légales de validité du contrat d'assurance prévues par le Code des assurances, et avant tout, les conditions de validité prévues par le droit commun.

---

[51] Z. NASRI, *Le droit de l'assurance au Maroc*, éd. Laporte, 1984, p. 350.

A. Consentement

Le consentement est un élément constitutif du contrat d'assurance-vie. C'est l'une des conditions exigées pour sa validité.

De manière générale, il est admis que le contrat d'assurance est un contrat consensuel qui se forme par le seul échange de consentement et que le fait qu'il est exigé que le contrat soit rédigé en écrit en caractères apparents ne saurait consacrer le caractère solennel du contrat. Le contrat d'assurance existe bien avant la rédaction de l'écrit qui demeure un simple élément de preuve du contrat dans la conclusion et est parfaite dès l'accord des parties[52].

Cependant, il est question spéciale à l'assurance-vie qui se pose du consentement des parties lorsque le contrat est souscrit sur la tête d'un tiers. Le point délicat est précisément de savoir si le consentement du tiers est nécessaire à la validité du contrat.

Pour éviter que la vie d'une personne soit mise en risque, les articles 244 et 245 du CAC et L. 132-2 du CAF ont imposé le consentement de la personne concernée. Il doit être donné par écrit avec indication de la somme assurée, et ce, à peine de nullité du contrat. Il doit également donner son consentement par écrit pour toute cession ou constitution de gage et pour transfert du bénéfice du contrat souscrit sur sa tête[53].

Pour les personnes qui ne peuvent donner leur consentement ; afin d'éviter toute incitation à l'infanticide ou à l'euthanasie, l'article L. 132-3 du CAF dispose qu'« il est défendu à toute personne de contracter une assurance en cas de décès sur la tête d'un mineur âgé de moins de 12 ans, d'un majeur en tutelle, d'une personne placée dans un établissement psychiatrique d'hospitalisation ».

---

[52] Yvonne L. FAIVRE et L. LEVENEUR, *op. cit.*, p. 198.
[53] Z. NASRI, *op. cit.*, p. 769.

En outre, tout contrat quel qu'il soit est, en droit civil, annulable si le consentement de l'une des parties a été vicié, notamment par dol ou par erreur[54]. Du point de vue de l'assureur, il apparaît de manière évidente que les seuls vices de consentement seront l'erreur ou le dol[55]. Du point de vue du preneur, il est rare d'entendre parler de vice de consentement compte tenu de la réglementation stricte qui est aujourd'hui imposée aux assureurs[56].

B. Capacité

Le contrat d'assurance-vie, pour être valable, se doit d'obéir à des règles de capacité. Ces règles sont appréciées à deux niveaux : celui de l'assureur et celui de l'assuré.

1) La capacité de l'assureur

Aucune restriction n'est imposée à l'assureur, il suffit qu'il ait reçu un agrément administratif, délivré par l'ACPR en France et en RDC par l'ARCA, pour exercer les opérations qui comportent un engagement dépendant de la vie humaine.

2) Capacité du souscripteur

La question de la capacité est réglée en droits français et marocain par le droit commun. C'est dire que ne peuvent souscrire une assurance-vie que les personnes ayant la capacité de disposer et, celle de contracter. En revanche, le mineur émancipé et la femme mariée ont la pleine capacité de disposer et de contracter et n'ont donc besoin d'aucune autorisation.

---

[54] R. VAN GOMPEL, *Les assurances sur la vie*, éd. Centre d'information de l'assurance, 2003. p. 49.
[55] R. VAN GOMPEL, *op. cit.*, p. 50.
[56] *Ibidem.*

Concernant la question de la souscription d'un contrat d'assurance-vie par un majeur protégé, et contrairement au CAC qui n'a consacré aucune disposition à la question, le législateur français a mis en place un régime de protection du majeur protégé contre les risques liés à la souscription d'un contrat d'assurance-vie.

S'agissant d'une opération de prévoyance, soit un contrat d'assurance en cas de décès, la souscription d'une telle assurance au bénéfice d'un tiers constitue le plus souvent une libéralité indirecte. Le majeur sous sauvegarde de justice pouvait donc librement souscrire une telle opération. Le majeur en curatelle pouvait lui aussi réaliser ce type d'acte avec l'assistance de son curateur. Le majeur sous tutelle, lui, ne pouvait pas souscrire d'assurance décès sur sa tête, en application de l'article L. 132-3 du CAF que nous avons déjà évoqué mais aussi en raison de l'incapacité totale le frappant[57].

S'agissant d'une opération d'épargne, c'est-à-dire d'un contrat d'assurance en cas de vie, les règles étaient différentes. Si l'opération a toujours pu être réalisée par un majeur sous sauvegarde de justice, elle nécessitait en revanche par le passé le respect de certaines conditions s'agissant d'un majeur sous curatelle ou sous tutelle. Ces conditions dépendaient de la qualification donnée à l'opération. Il s'agissait de déterminer si celle-ci était un acte d'administration ou de disposition. Ainsi le majeur en curatelle avait besoin de l'assistance de son curateur dès lors que la souscription s'analysait en un acte de disposition, soit à partir du moment où le paiement des primes touchait à son capital. S'agissant du majeur sous tutelle, l'autorisation du juge des tutelles ou du conseil de famille

---

[57] K. BUHLER, « Les majeurs protégés et l'assurance-vie » – *La Semaine Juridique Notariale et Immobilière* n° 36, 5 septembre 2008, 1271, Dossier : Le statut des majeurs protégés après la loi du 5 mars 2007.

s'imposait dès lors que le versement des primes relevait de l'emploi des capitaux[58].

SECTION 2. LA CONCEPTION SOCIO-ÉCONOMIQUE DU CONTRAT D'ASSURANCE-VIE

L'assurance-vie comme il a été souligné avant, constitue une institution moderne par rapport aux acceptions de la solidarité sociale des Congolais. Par conséquent, l'assurance-vie se doit de définir sa position dans tout un ensemble de règles codifiées, religieuses ou autres.

§1. Au niveau de la société française

L'essor démographique et l'exode rural liés à l'industrialisation et à l'urbanisation du XXIe siècle ont provoqué un important changement dans les conditions de vie et une profonde mutation de la structure familiale. En ville, la famille agnatique a disparu et a cédé la place à la famille conjugale moderne, et ce, sous l'influence de facteurs démographiques et philosophiques « culte de l'individualisme et l'indépendance »[59].

À côté des facteurs socio-économiques, le facteur démographique a un rôle déterminant dans l'organisation collective de la sécurité.

Il faut ici noter que l'urbanisation et l'industrialisation de la société française ont conduit à l'évolution du besoin de sécurité des Français et d'où l'essor remarquable des entreprises d'assurances et des mutuelles, et ce, depuis le XIXe siècle[60].

Le succès notoire que connaît aujourd'hui l'assurance-vie en France a été laborieux. Ainsi, après la Première

---

58 K. BUHLER, *op. cit.*, p. 5.

59 Y. LAMBERT-FAIVRE et L. LEVENEUR, *op. cit.*, p. 7.

60 *Ibidem.*

Guerre mondiale, l'érosion monétaire porta à l'assurance-vie un coup qui faillit être fatal[61].

Durant les « Trente Glorieuses », l'assurance ne retrouva son essor que grâce à la conjonction de multiples facteurs :
– l'apparition des contrats en unités de compte ; – l'apparition de nouvelles formules d'assurance plus souples, plus transparentes, plus attractives pour la clientèle ; – l'augmentation des patrimoines des Français ; – le régime fiscal attractif ; – la stabilisation monétaire ; – le développement des assurances collectives, pour pallier l'essoufflement des régimes sociaux obligatoires par répartition ; – l'engouement retrouvé des Français pour les investissements financiers ; – le cadre favorable créé par les normes communautaires.

À tel point que l'assurance-vie est devenue l'épargne préférée des Français[62].

§2. Au niveau de la société congolaise

Bien avant l'indépendance, la valeur de solidarité était centrale dans la vie sociale des Congolais. Les ressources économiques dont disposaient les individus et les familles étaient si modestes qu'on n'avait pratiquement pas de doute sur l'intérêt de se prémunir, avec les autres, des aléas de la pauvreté et du besoin.

L'entraide entre les voisins et les membres d'une même famille élargie était une pratique constante et généralisée. Le travail en groupe était bien une force mobilisatrice des énergies en vue de secourir une personne âgée, une veuve, un malade, etc. Les besoins du groupe primaient sur ceux de l'individu. La survie de celui-ci passait par celle du

---

[61] J. BIGOT, *Les assurances vie et communauté conjugale, droit à récompenses des primes*, RGDA, 1996, p. 693.
[62] *Ibidem.*

groupe, de même que son identité et son statut dans la communauté.

Les revenus des biens consignés pour le ministère des Affaires économiques servaient souvent à soutenir les pauvres et les personnes en difficulté et donc, à concrétiser les liens de solidarité entre les membres de la communauté.

Toutefois, sous l'effet de la pénétration progressive des valeurs marchandes dans la société congolaise, de la croissance démographique, de l'accaparement par l'État de ressources collectives et de fonctions sociales et éducatives, et de l'appui public différentiel et sélectif au profit de certaines catégories socioprofessionnelles moyennes et supérieures, l'aire des relations sociales solidaires commença à se contracter.

L'accélération du changement social a entraîné des dysfonctionnements dans la société marocaine. La famille traditionnelle qui était le centre des valeurs de solidarité et pour les individus en difficulté ne l'est plus aujourd'hui.

SECTION 3. CONCEPTION DU CONTRAT D'ASSURANCE-VIE

L'opération d'assurance en général et l'opération d'assurance-vie en particulier sont soumises à des règles techniques précises. Ces règles concernent à la fois la tarification de l'opération d'assurance et les modalités de constitution et de représentation des provisionnements techniques.

§1. Cadres techniques

A. Les bases techniques de tarification du contrat d'assurance-vie

Malgré la complexité des calculs actuariels qui conduisent à la détermination du prix d'un contrat d'assurance-vie, les paramètres sur lesquels se fondent les formules sont limités au nombre de trois[63]. Le taux technique d'intérêt « le prix du temps », la mortalité « le prix du risque » et les frais « le prix de la gestion ».

1. Le taux technique d'intérêt

Toute opération financière à caractère garanti suppose l'intervention d'un intérêt dont le poids est d'autant plus important en assurance-vie que les opérations conclues dans ce contexte sont souvent de très longue durée.

En France depuis 1992, le système de régulation des tarifs a été abandonné au profit d'une règle prudentielle selon laquelle les bases techniques utilisées pour la tarification doivent être telles que les primes soient suffisantes pour couvrir les prestations exigibles, les accroissements de valeurs de rachat théorique et les frais, compte tenu des revenus des valeurs représentatives des provisions techniques.

Toutefois, la réglementation européenne et en particulier l'article 18 de la 3e directive européenne de libéralisation des activités d'assurance-vie (dite de licence unique), laisse le soin à l'autorité de contrôle compétente de l'État membre d'origine de fixer le taux d'intérêt, et ce, en application du principe suivant : il doit s'agir, pour tous les contrats, d'un taux d'intérêt maximum. L'autorité de contrôle compétente susvisée fixe un taux d'intérêt maximal unique, qui peut toutefois être différent selon la devise dans laquelle est libellé le contrat, à condition de ne pas être supérieur à 60 % de celui des emprunts obligataires de l'État dans la devise duquel est libellé le contrat[64].

---

[63] R. VAN GOMPEL, *Les assurances sur la vie*, éd. Centre d'information de l'assurance, 2003, p. 19.
[64] R. VAN GOMPEL, *op. cit.*, p. 19.

2. Les tables de mortalité

Les tables de mortalité constituent le référentiel central de toutes les activités d'une compagnie d'assurance exerçant dans la branche assurance-vie, puisqu'elles permettent d'estimer la probabilité de survie ou de décès des personnes assurées[65]. Sur le plan pratique, il existe deux catégories de tables[66].

– Les tables de mortalité statiques, périodiques ou instantanées : ces tables caractérisent la mortalité de la population actuelle dans sa globalité : une même probabilité de décès est appliquée quelle que soit la génération de la personne assurée, qui peut être identique pour toute la population ou segmentée suivant des variables influençant de manière significative le risque de décès (homme/femme, fumeur/non-fumeur, type de contrat).

– Les tables dynamiques ou prospectives, dites de « génération » : ce sont des tables bidimensionnelles : deux variables expliquent le décès, à la fois l'âge de l'assuré mais aussi le temps. Les probabilités de survenance du risque de mortalité intègrent les évolutions potentielles de la mortalité avec le temps (recul de la mortalité, phénomène de longévité).

Du point de vue réglementaire, l'article A335-1 du CAF offre aux entreprises d'assurances deux possibilités :

– l'adoption des tables homologuées par arrêté du ministre de l'Économie et des Finances, établies par sexe, sur la base de populations d'assurés pour les contrats de rente viagère, et sur la base de données publiées par l'INSEE pour les autres contrats ;

– l'adoption des tables basée sur des données d'expérience de l'entreprise, établies ou non par sexe et certifiées par un actuaire indépendant de cette entreprise,

---

[65] V. RUOL, *Assurance-vie, aspects réglementaires*, RB édition, 2012, p. 67.

[66] V. RUOL, *op. cit.*, p. 67.

agréé à cet effet par l'une des associations d'actuaires reconnues par l'autorité mentionnée.

3. Les chargements pour frais

Le seul prix du risque ne suffit évidemment pas à équilibrer une compagnie d'assurances et à assurer des bénéfices. Il faut aussi couvrir le coût de la gestion des contrats grâce à l'introduction de chargements qui peuvent s'appliquer à des assiettes diverses : la prime, la provision technique et la prestation.

La prime pure peut être définie comme le montant qui représente le coût du risque couvert, tel que calculé par les méthodes actuarielles sur la base de statistiques relatives audit risque. S'y ajoutent divers chargements[67] :

– d'inventaire : chargement destiné à couvrir la sécurité (en permettant à l'assureur de faire face à des prestations éventuellement plus fréquentes que celles prévues par les tables de mortalité) et les frais de gestion (rémunérations du personnel et autres frais d'exploitation entraînés par la gestion du portefeuille d'assurance). On obtient ainsi la prime d'inventaire ;

– d'acquisition ou de production : chargement destiné à couvrir les frais de l'assureur et les commissions des intermédiaires relatifs à l'acquisition, la conclusion ou l'augmentation des prestations assurées d'un contrat (examens médicaux, coût des réseaux de distribution, etc.). Ce chargement est consommé antérieurement à la constitution des prestations auxquelles il se rapporte.

B. Règles de provisionnement en assurance-vie

Il y a lieu de distinguer entre les règles de constitution des provisions techniques et les règles de représentation des provisions techniques.

---

[67] R. VAN GOMPEL, *op. cit.*, p. 25.

1. Les règles de constitution des provisions techniques

L'évaluation des engagements envers les assurés est soumise, tant en France qu'en RDC, à un cadre légal très rigoureux.

C'est ainsi que l'article R. 331-1 du CAF dispose que « Les engagements réglementés dont les entreprises mentionnées à l'article L. 310-1 ou au 1° du III de l'article L. 310-1-1 doivent, à toute époque, être en mesure de justifier l'évaluation, sont les suivants : 1° Les provisions techniques suffisantes pour le règlement intégral de leurs engagements vis-à-vis des assurés, des entreprises réassurées et bénéficiaires de contrats… ».

La même disposition est prévue par l'article 238 du CAM qui prescrit que « Les entreprises d'assurances et de réassurance doivent, à toute époque, inscrire à leur passif et représenter à leur actif : les provisions techniques suffisantes pour le règlement intégral des engagements contractés à l'égard des assurés, souscripteurs et bénéficiaires de contrats… ». Soulignons également qu'aussi bien en France qu'au Maroc, la provision mathématique est définie comme étant « la différence entre les valeurs actuelles des engagements respectivement pris par l'assureur et par les assurés »[68].

Concernant les méthodes de calcul de la provision mathématique, les réglementations marocaine et française fixent les mêmes règles de calcul des provisions. À cet égard, elles imposent la règle du parallélisme dans le mode de calcul des provisions mathématiques. En d'autres termes, les taux techniques et les tables de mortalité rete-

---

[68] Art. 15 de l'arrêté du ministre des Finances et de la Privatisation, n° 1548-05 du 10 octobre 2005 relatif aux entreprises d'assurances et de réassurance et art. R. 331-3 du CAF.

nus pour le calcul des provisions mathématiques doivent être au plus égaux à ceux qui ont servi à la tarification[69].

2. Les règles de représentation des provisions techniques

Les spécificités de l'activité d'assurance ont conduit à une forte réglementation notamment concernant la gestion des placements en représentation des engagements vis-à-vis des assurés[70].

La réglementation est avant tout destinée à garantir aux assurés le respect à tout moment de leurs contrats tout en veillant à la pérennité des compagnies. La concurrence à laquelle se livrent les compagnies oblige les gérants de leurs actifs à rechercher le meilleur compromis entre la rentabilité à long terme, la liquidité et la sécurité de leurs placements[71].

Pour cela, ils doivent se conformer aux dispositions réglementant la nature, l'évaluation et la répartition des actifs admis en représentation des engagements des assurés. En matière de rentabilité, la réglementation ne vient pas interférer avec le libre arbitre de l'assureur, sauf dans un cas pour poser un garde-fou[72].

---

[69] Art. A 331-1-1 du Code des assurances français ainsi que le Code congolais des assurances.

[70] M. FEDOR, « L'objectif de la réglementation prudentielle et son rôle dans l'allocation de l'épargne des sociétés d'assurance-vie : le dépassement de Solvency, il part d'une approche rendement-risque », Thèse pour l'obtention du titre de docteur en sciences économiques, Université Paris IX Dauphine, janvier 2009, p. 67.

[71] M. FEDOR, *op. cit.*, p. 67.

[72] M. FEDOR, *idem*, p. 67.

§2. Cadres économiques

L'assurance-vie constitue le moyen par excellence pour promouvoir le plan d'action de l'État, dans la mesure où l'épargne collectée est investie à long terme. Par conséquent, les apports de l'assurance-vie quant à la croissance économique sont indéniables.

A. En France

Les acteurs économiques du marché français de l'assurance sont encadrés par une forte autorité de régulation du secteur des assurances et assurent une production très significative en termes de primes émises.

En France, trois grandes familles d'organismes sont autorisées à opérer sur le marché français de l'assurance :

– les sociétés d'assurances (anonymes ou à forme mutuelle) régies par le Code des assurances ;

– les mutuelles, dites « mutuelles 45 », qui relèvent du code de la mutualité ;

– les institutions de prévoyance (IP) qui sont réglementées par le CSS ou bien par le code rural[73].

Les sociétés d'assurances opérant sur le marché français sont soit des sociétés françaises constituées sous forme de société anonyme ou des sociétés d'assurance mutuelle, soit des sociétés de l'Espace économique européen (EEE) autorisées à opérer en libre prestation de services (LPS) ou sociétés étrangères en libre établissement disposant de succursales[74] :

– Les sociétés anonymes d'assurances : ce sont des sociétés qui doivent disposer d'un capital social minimum à titre de garanties financières. Elles ne peuvent exercer

---

[73] FFSA, Les acteurs du secteur de l'assurance, Actualité assurance française/distribution assurance, disponible sur www.ffsa.fr.

[74] *Idem*, disponible sur www.ffsa.fr.

leurs activités d'assurance qu'après l'obtention d'un agrément administratif. Leurs assurances peuvent être distribuées par des intermédiaires (agents généraux et courtiers) rémunérés à la commission. Pour pouvoir exercer, le Code des assurances édicte des règles prudentielles strictes en matière de montant du capital social, de marge de solvabilité, de provisions techniques et de placements réglementés.

– Les sociétés d'assurances mutuelles (SAM) et les sociétés mutuelles d'assurances (SMA) : ce sont des sociétés civiles qui partagent un certain nombre de critères communs. Elles n'ont pas de capital social mais disposent d'un fonds d'établissement. Elles doivent respecter aussi les règles prudentielles du Code des assurances. Leurs assurés ont la qualité de sociétaires avec un minimum de 300 adhérents pour les SMA et 500 pour les SAM. Ces entreprises d'assurances se distinguent, principalement, sur quelques points :

- les SMA dont l'objet est exclusivement professionnel ou régional et qui pratiquent une tarification des assurances à cotisations variables. Elles ne peuvent pas proposer de produits d'assurance-vie et sont limitées au niveau de la distribution de leurs contrats puisqu'elles doivent fonctionner sans avoir recours à des intermédiaires ; on les nomme souvent Mutuelles Sans Intermédiaires (MSI) ;
- les SAM dont les cotisations des adhérents sont fixes ou variables en IARDT et systématiquement fixes en assurance-vie. Ces structures peuvent rémunérer des intermédiaires pour commercialiser leurs assurances.
- Les sociétés de l'Espace économique européen (EEE) autorisées à opérer en libre prestation de services (LPS) et les sociétés étrangères en libre établissement disposant de succursales : implantées sur le sol français, les filiales et succursales de sociétés étrangères sont considérées comme des sociétés de droit français.

B. En République démocratique du Congo

Comme en France, la République démocratique du Congo, tenant compte de sa capacité de collecte des fonds issue des cotisations sociales dont les assurances sur la vie, prévoit dans son code les organismes qui sont susceptibles d'opérer ou de se livrer à titre d'activité habituelle à la souscription et à l'exécution des contrats d'assurance ou de réassurance.

À son article 285 du CAC, Il prévoit uniquement deux formes à la différence du code français : « *Toute entreprise d'assurance ou de réassurance qui sollicite l'agrément pour opérer dans le secteur des assurances ou des réassurances est tenue de se constituer sous forme de société anonyme non unipersonnelle ou de mutuelle*[75] », à cela s'ajoute que ces sociétés doivent leur siège social en République démocratique du Congo, et cela, dans les limites des lois en vigueur.

Il faut retenir que la République démocratique du Congo vient de vulgariser et de libéraliser son secteur d'assurances, il en est de même pour son cadre économique en assurance-vie.

L'assurance-vie en République Démocratique du Congo a pour cadre économique qui se situe à trois niveaux : 1. Se constituer un capital complet (c'est-à-dire le capital et les intérêts sont souples et reste disponible à tout moment et ayant un bon taux de rendement), 2. Sécuriser ses revenus (parce qu'il génère des intérêts chaque année et les risques de perte sont nuls car la valeur du capital est garantie par l'assureur) et enfin 3. Les transmettre à ses proches sans passé par la voie de succession ordinaire.

Ce cadre n'est possible que s'il est bien encadré par des sociétés agréées par l'État congolais.

---

[75] Art. 285, Code des assurances congolais.

DEUXIÈME PARTIE

CADRE JURIDIQUE DU CONTRAT D'ASSURANCE-VIE

CHAPITRE I

Les règles afférentes au déroulement du contrat d'assurance-vie

SECTION I. LES ÉTAPES DE LA SOUSCRIPTION DU CONTRAT

Le processus de la souscription du contrat d'assurance-vie est souvent complexe. Ainsi, les parties au contrat d'assurance-vie doivent, d'abord, échanger réciproquement entre elles, le consentement, et des informations, ensuite passer à la conclusion proprement dite du contrat, et ce, par la signature de la police.

§1. Information préalable réciproque

Comme constaté précédemment, le contrat d'assurance-vie est un contrat consensuel qui se forme dès l'accord des parties sur les risques à prendre en charge par l'assureur et le prix à payer par le souscripteur. Mais, l'accord des parties est précédé par différentes démarches en particulier, l'information préalable réciproque et l'étude de la demande du souscripteur par l'assureur qui lui confère le pouvoir de la sélection des risques à couvrir.

Le contrat d'assurance-vie est un contrat complexe et technique et comporte des enjeux financiers très importants, tant pour les assurés que pour les assureurs. C'est la raison pour laquelle le droit des assurances intervient pour protéger le consommateur, et ce, par le renforcement des obligations à la charge des assureurs en matière d'information et de transparence des contrats.

A. En droit français

Il appartient à l'assureur de fournir au consommateur souscripteur une information détaillée et exhaustive sur le prix et les risques pris en charge avant la conclusion du contrat.

Mais, au-delà des dispositions législatives et réglementaires qui imposent de délivrer au souscripteur des informations sur des points sans cesse plus nombreux et précis, le droit français charge l'assureur ou les intermédiaires d'assurance-vie d'un devoir de conseil de plus en plus consistant à l'égard du client[76].

1. Information du souscripteur

Préalablement à la souscription du contrat, l'assureur français doit se conformer aux prescriptions de l'article L. 132-4 du CAF en remettant à l'assuré une fiche d'information sur le prix et les garanties, accompagnée d'exemplaire du projet de contrat et de ses pièces annexes ou une « notice d'information » sur le contrat « qui décrit précisément les garanties assorties des exclusions, ainsi que les obligations de l'assuré. Cette obligation concerne tous les contrats d'assurances terrestres »[77].

Toutefois, pour les contrats d'assurance-vie, l'obligation d'information est réitérée à l'article L. 132-5-2 du CAF qui précise que l'assureur doit remettre, contre récépissé, une note d'information sur les conditions

[76] Y. LAMBERT-FAIVRE et L. LEVENEUR, *op. cit.*, p. 76.
[77] G. COURTIEU, « Assurance sur la vie, nouveaux ajustements législatifs », Resp. civ. et assur. n° 2, février 2006.

d'exercice de la faculté de renonciation et sur les dispositions essentielles du contrat[78].

Dans la pratique, la plupart des entreprises d'assurance sur la vie ont pris quelques libertés avec ces textes. Elles se sont affranchies de l'obligation légale de remettre à leurs clients la note d'information prévue par l'article L. 132-5-1, en généralisant le système des « conditions générales valant note d'information »[79].

Cette pratique a généré des demandes massives de rétractation de la part de leurs clients, et a fait intervenir la Cour de cassation pour rappeler les assureurs à l'ordre. Ainsi, par deux arrêts rendus en date du 7 mars 2006, la Haute Cour[80] a refusé d'admettre la validité du procédé des conditions générales valant note d'information.

Elle en a déduit que le souscripteur qui n'avait jamais reçu ce document pouvait invoquer la prorogation du délai de rétractation de trente jours et ainsi, obtenir la restitution par l'assureur de l'intégralité des sommes versées sur le contrat, quand bien même il aurait déjà procédé à des arbitrages. Quoique sa solution conduise à autoriser un épargnant parfaitement éclairé à récupérer son épargne que la baisse des marchés financiers avait largement entamée, la Cour de cassation a précisé que l'article L. 132-51 était d'ordre public, qu'on ne pouvait donc renoncer à sa protection et que la bonne foi du souscripteur n'était pas une condition de l'exercice du droit de rétractation[81].

---

[78] Y. LAMBERT-FAIVRE et L. LEVENEUR, *op. cit.*, p. 764.

[79] G. COURTIEU, « Assurance sur la vie, nouveaux ajustements législatifs », Resp. civ. et assur. n° 2, février 2006.

[80] Cass. 1re civ., 7 mars 2006, n° 05-10.366 et n° 05-12.338, JurisData n° 2006-032563 ; Cass. 2e civ., 8 octobre 2009, n° 08-18928, note par X. LEDUCQ, GP 17 août 2010, n° 229.

[81] N. LEBLOND, « L'obligation d'information de l'assureur vie : une obligation générale et non négociable », Resp. civ. et assur. n° 10, octobre 2008.

Entre la pratique des assureurs et la position de la jurisprudence, le législateur français a recherché le compromis. En est résultée une formule validant « les conditions générales valant note d'information » à condition qu'elles soient précédées d'un « encadré »[82].

Le nouvel article L. 132-5-2 précise en effet que, pour les contrats comportant une valeur de rachat ou de transfert, la proposition ou le projet de contrat vaut note d'information « lorsqu'un encadré, inséré en début de proposition d'assurance ou de projet de contrat, indique en caractères très apparents la nature du contrat ». Cet encadré doit comporter « en particulier le regroupement des frais dans une même rubrique, les garanties offertes et la disponibilité des sommes en cas de rachat, la participation aux bénéfices, ainsi que les modalités de désignation des bénéficiaires ». Le texte renvoie à un arrêté « le format de cet encadré ainsi que, de façon limitative, son contenu »[83].

S'agissant des informations contenues dans la note et pour les assurances souscrites individuellement, outre les conditions d'exercice de la faculté de renonciation, la note d'information ou plutôt le projet de contrat assorti de l'encadré doit, aux termes de l'article L. 132-5-2, présenter les dispositions essentielles du contrat et indiquer, pour les contrats qui en comportent, les valeurs de rachat au terme de chacune des huit premières années du contrat au moins, ainsi que, dans le même tableau, la somme des primes ou cotisations versées au terme de chacune des mêmes années[84].

La proposition ou le projet de contrat d'assurance doit également indiquer les valeurs minimales et expliquer le

---

[82] N. LEBLOND, *op. cit.*, p. 11.
[83] G. COURTIEU, « Assurance sur la vie, nouveaux ajustements législatifs », Resp. civ. et assur. n° 2, février 2006.
[84] ELHABBOULI HICHAM, *op. cit.*, p. 109.

mécanisme de calcul des valeurs de rachat ou de transfert lorsque celles-ci ne peuvent être établies[85].

La forme et le contenu de la note d'information sont soumis à des exigences différentes imposées par l'article A. 132-4 du CAF qui constitue en quelque sorte une notice type et qui a été introduit au code par un arrêté du 21 juin 1994. Outre les mentions relatives à l'entreprise d'assurance, la note d'information doit également indiquer[86] :

Nom commercial du contrat

Caractéristiques du contrat

– définition contractuelle des garanties offertes ;

– durée du contrat ;

– modalités de versement des primes ;

– délai et modalités de renonciation au contrat ;

– formalités à remplir en cas de sinistre ;

– précisions complémentaires relatives à certaines catégories de contrats ;

– information sur les primes relatives aux garanties principales et complémentaires lorsque de telles informations s'avèrent appropriées ;

– précision quant à la loi applicable au contrat lorsque celle-ci n'est pas la loi française et indications générales relatives au régime fiscal.

Rendement minimum garanti et participation :

– taux d'intérêt garanti et durée de cette garantie ;

– indications des garanties de fidélité, des valeurs de réduction, des valeurs de rachat.

---

[85] E. HICHAM, *op. cit.*, p. 110.

[86] Art. A. 132-4 du Code des Assurances français.

Procédure d'examen des litiges :

– Modalités d'examen des réclamations pouvant être formulées au sujet du contrat ;

– Existence, le cas échéant, d'une instance chargée en particulier de cet examen.

Le défaut de remise des documents et informations prévu par l'article L. 132-5-1 entraîne de plein droit la prorogation du délai de renonciation jusqu'au trentième jour calendaire révolu suivant la date de remise effective de ces documents, dans la limite de huit ans à compter de la date où le souscripteur est informé que le contrat est conclu[87].

En d'autres termes, le souscripteur individuel d'une assurance-vie ou l'adhérent à une assurance collective est habilité à exercer son droit de rétractation tant que l'entreprise d'assurance ou le souscripteur de l'assurance de groupe ne s'est pas mis en conformité avec les exigences légales[88].

La loi a, cependant, limité ce droit dans le temps, en instituant une prescription spéciale de huit ans. Il importe également d'observer que ce délai commence à courir à compter de la date à laquelle l'assuré est informé que le contrat est conclu, ce qui souligne, s'il en était encore besoin, l'importance de cette information[89].

L'allongement de la durée d'exercice par le souscripteur de la faculté de renonciation a donné lieu à des abus : un souscripteur, dûment informé des caractéristiques de son contrat, y renonçant plusieurs années après sa souscription, au motif qu'il n'a pas reçu des documents rigoureusement conformes aux exigences légales, après avoir multiplié les rachats partiels et les arbitrages entre

[87] Art. L. 132-5-1 du Code des Assurances français.
[88] Art. L. 132-5-1 du Code des Assurances français.
[89] Art. L. 132-5-1 du Code des Assurances français.

les supports des unités de compte, récupérant sa mise au moment où les valeurs boursières baissent[90].

C'est la raison pour laquelle certains auteurs, notamment le professeur Jean Bigot, demandent de revenir à la raison et au système prévu par la directive européenne en limitant le droit de renonciation à trente jours après la conclusion du contrat, comme l'ont fait nos partenaires européens, en évitant ainsi une distorsion de concurrence[91].

Par conséquent, l'absence d'information du souscripteur sur l'un des éléments essentiels du contrat tels que les valeurs de rachat lors de la souscription confère au souscripteur la possibilité de rétractation[92].

Toutefois, la nullité du contrat ne peut, en tout état de cause, constituer la sanction d'un manquement à l'obligation d'information à la charge de l'assureur[93].

Les conséquences de la renonciation sont importantes. L'assureur doit restituer l'intégralité des sommes versées par le contractant, dans le délai maximal de trente jours à compter de la réception de la lettre recommandée. Au-delà de ce délai, les sommes non restituées produisent de plein droit intérêt au taux légal majoré de moitié durant deux mois, puis, à l'expiration de ce délai de deux mois, au double de l'intérêt légal[94].

Les dispositions des articles L. 132-5-2 visant la protection des consommateurs sont nécessairement d'ordre

---

[90] J. BIGOT, « Pour une modernisation du Code des assurances », *La Semaine Juridique, Édition Générale,* n° 49, 5 décembre 2011, p. 13-70.

[91] J. BIGOT, *op. cit.*, p. 72.

[92] J. BIGOT, *idem*, p. 72.

[93] Cass. 2e civ., 3 juin 2004, n° 03-12.619, Resp. civ. et assur. n° 9, septembre 2004, comm. 276, note H. GROUTEL.

[94] Cass. 2e civ., 3 juin 2004, n° 03-12.619, Resp. civ. et assur. n° 9, septembre 2004, comm. 276, note H. GROUTEL.

public car elles ne peuvent s'accommoder d'interprétations et d'assouplissements pratiques[95].

En effet, l'objectif des informations précontractuelles n'est pas que leurs destinataires – consommateurs d'assurance ou d'autres produits ou services – aient compris, mais qu'ils aient reçu l'information leur permettant ensuite de faire leur choix et de décider ou non[96].

Par ailleurs, l'affirmation du caractère d'ordre public des obligations d'information en matière d'assurance-vie est cohérente avec l'évolution contemporaine du droit de la consommation, qui tend de plus en plus à devenir un droit d'ordre public[97].

À la conclusion du contrat, la note d'information acquiert pleine valeur contractuelle. Il est même permis d'affirmer à l'examen de la jurisprudence essentiellement consacrée à la notice d'information que ce document a, peu à peu, supplanté tous les documents contractuels traditionnels, conditions générales, particulières et devenir le seul document de référence dans les relations assureur-souscripteur[98]. Ainsi a-t-il été jugé que seule la notice est opposable à l'assuré et que des conditions de garantie fixées par le contrat, mais ne figurant pas dans la notice sont inopposables à l'assuré[99].

De même, la notice doit donc informer le souscripteur, sous peine d'inopposabilité, de toutes les dispositions du contrat qui commandent, d'une manière ou d'une autre, l'ensemble de ses droits. Il en résulte notamment qu'une

---

[95] Cass. 2e civ., 3 juin 2004, n° 03-12.619, *idem*.

[96] N. LEBLOND, « L'obligation d'information de l'assureur vie : une obligation générale des arrêts de la chambre mixte du 23 novembre 2004 », Resp. civ. et assur. n° 10, p. 23.

[97] N. LEBLOND, *idem*, p. 23.

[98] G. COURTIEU, « Assurances terrestres – Assurances de personnes Assurance-vie », JCl. Civil Annexes, Fasc. 15-20, 21 mai 2003 (mise à jour du 24 février 2014), p. 515-20.

[99] Cass. 1re civ., 9 décembre 1981, RGAT 1982, p. 336.

clause de la police se révélant non conforme aux indications de la notice sera déclarée inopposable au souscripteur[100].

Cependant, l'information à fournir par l'assureur doit être intelligible, ce qui n'est pas le cas lorsque les méthodes de calcul figurant dans les documents sont décrites sous forme technique qu'un lecteur normalement instruit ou averti peut difficilement comprendre[101].

2. Conseil du souscripteur

Le législateur consacre expressément le devoir de conseil du souscripteur. D'abord à la charge des intermédiaires d'assurance, par des dispositions générales applicables à la proposition de toutes sortes de produits d'assurance[102]. Puis à la charge spécifiquement des entreprises d'assurance-vie depuis l'ordonnance du 30 janvier 2009 qui a aligné la commercialisation des produits d'assurance-vie sur celle des autres placements financiers[103].

Ainsi, l'article L. 132-27-1 impose à l'assureur, avant la conclusion d'un contrat d'assurance individuel comportant des valeurs de rachat, de préciser les exigences et les besoins exprimés par le souscripteur ou l'adhérent ainsi que les raisons qui motivent le conseil fourni quant à un contrat déterminé. Les précisions attendues de l'assureur reposent en particulier sur les informations communiquées par le souscripteur concernant sa situation financière et sur les connaissances et l'expérience de celui-ci en matière financière[104].

---

[100] Cass. 1re civ., 9 décembre 1981, RGAT 1982, p. 336.
[101] CA Paris, 7e ch. A, 23 mai 2000, JurisData n° 2000-137292.
[102] Art. L. 520-1 CAF issu de la loi du 15 décembre 2005.
[103] Y. LAMBERT-FAIVRE et L. LEVENEUR, *op. cit.*, p. 764.
[104] Y. LAMBERT-FAIVRE et L. LEVENEUR, *idem*, p. 764.

De même, l'ACPR préconise de bonnes pratiques commerciales en la forme d'une recommandation[105]. Celle-ci donne notamment aux professionnels concernés les moyens de mieux assister leur clientèle dans l'usage du questionnaire précontractuel. Implicitement, le régulateur rappelle ainsi que les débiteurs de conseil sont légalement tenus de préciser les exigences et les besoins de leurs potentiels souscripteurs. Partant, ils ne peuvent s'accommoder d'un recueil passif d'informations mais doivent accompagner le candidat dans la formulation de celles-ci[106].

2. En droit congolais

L'article 7 du CAC impose aux assureurs de remettre à l'assuré un exemplaire du projet de contrat ou d'une notice d'information qui décrit notamment les garanties assorties des exclusions, le prix y afférent et les obligations de l'assuré et la cotisation due par l'assuré.

Les clauses du contrat qui divergent des indications fournies par le projet de contrat ou par la notice d'information ne sont pas opposables à l'assuré.

Toutefois, le législateur congolais n'a pas jugé utile de détailler l'obligation d'information incombant à l'assureur et s'est contenté d'une simple obligation de remise à l'assuré d'une notice d'information et sans en préciser le contenu et la forme de cette notice.

De surcroît, le législateur congolais n'a pas prévu de sanction particulière pour le cas de manquement de l'assureur à son obligation de remise à l'assuré de la notice d'information.

---

[105] Recommandation ACP n° 2013-R-01, 8 janvier 2013.

[106] P. G. MARLY, Commentaire de la Recommandation ACP 2013-R-01, EDAS, 1er février 2013, n° 2, p. 1.

Aussi, la réglementation congolaise ne fait aucune allusion au devoir de conseil du souscripteur par l'entreprise ou l'intermédiaire d'assurance.

A) L'information de l'assureur par l'assuré

Conformément aux dispositions de l'article 7 du CAC, et sous peine d'encourir la sanction prévue en cas de réticence, l'assureur est tenu de fournir au preneur d'assurance toute information et tout conseil nécessaires en vue de la conclusion du contrat.

L'assureur doit remettre à l'assuré un exemplaire écrit du contrat tel que prévu à l'article 8 du Code des assurances, à la notice d'information qui lui a été remise et à la proposition remplie et signée par l'assuré, le souscripteur ou le preneur d'assurance.

Au moment de la souscription, l'assureur a légitimement le droit d'être éclairé sur les caractéristiques et les qualités du risque présenté. Mais cette information, qui sert à la sélection des risques, ne concerne que les contrats d'assurance en cas de décès, de « prévoyance », et « mixtes ». Y échappent les formules d'assurance en cas de vie, car c'est l'assuré qui court le risque et non l'entreprise d'assurance[107].

1. Déclaration des risques par l'assuré

La déclaration initiale du risque revêt une importance pratique considérable, dans la mesure où son examen conditionne la décision de l'assureur relative à l'insertion du risque dans la mutualité et sert de base au calcul du montant de la prime.

En droit français, eu égard à l'exigence de bonne foi qui pèse sur lui, l'assuré doit « déclarer les risques » à

---

[107] ELHABBOULI HICHAM, « Le contrat d'assurance vie en droit comparé franco-marocain », thèse de doctorat, p. 115.

l'assureur, aussi bien lors de la conclusion du contrat qu'en cours de vie de la convention.

Ainsi, aux termes de l'article L. 113-2 du CAF, l'assuré est tenu « de répondre exactement aux questions posées par l'assureur, notamment dans le formulaire de déclaration du risque par lequel l'assureur l'interroge lors de la conclusion du contrat, sur les circonstances qui sont de nature à faire apprécier par l'assureur les risques qu'il prend en charge ».

Le souscripteur a donc obligation de remplir le formulaire de déclaration du risque en répondant loyalement aux questions posées. Mais le législateur français interdit, par le biais de l'article L. 112-3 du CAF, à l'assureur de se prévaloir, de la nullité du contrat pour fausse déclaration du risque, en cas de réception d'une réponse évasive ou inexacte de l'assuré suite à une question imprécise de l'assureur.

Il en résulte que l'assuré n'encourt pas de sanction pour une déclaration inexacte si la formule employée dans le questionnaire était de nature à prêter à confusion et que l'imprécision d'un questionnaire de santé ne permet pas à l'assureur d'invoquer la nullité, même si la sincérité de la réponse paraît suspecte.

Le respect de l'exigence de précision de l'assureur lui impose, en matière d'assurance de personnes, de poser des questions dépourvues de toute ambiguïté quant à leur sens et leur portée. On peut à cet égard rappeler la préconisation contenue dans le code de bonne conduite annexé à la convention AERAS (s'Assurer et Emprunter avec un Risque Aggravé de Santé), qui recommande que « les questionnaires répondent à un souci de clarté et de concision pour pouvoir être compris par les assurables, tout en étant suffisamment détaillés pour permettre une appréciation correcte du risque par l'assureur ».

Allant dans le même sens, la Cour de cassation a admis la licéité de questions sur l'état de santé dès lors qu'elles sont nécessaires à l'appréciation du risque, sous réserve d'interdictions légales telles que celles posées par l'article L. 1141-1 du code de la santé publique interdisant, d'une part, « toute question relative aux tests génétiques et à leur résultat », d'autre part, toute demande tendant à ce qu'une personne se soumette « à des tests génétiques avant que ne soit conclu un contrat de protection complémentaire en matière de santé et pendant toute la durée de celui-ci ».

L'article 13 du CAC impose à l'assuré de déclarer exactement, lors de la conclusion du contrat, toutes les circonstances connues de lui qui sont de nature à faire apprécier par l'assureur les risques qu'il prend à sa charge.

2. Examen médical

La sélection peut se faire par examen médical lors de la proposition d'assurance. Mais les assureurs ont tendance à en restreindre l'emploi en raison des frais occasionnés. C'est pourquoi l'examen médical n'est généralement pas pratiqué lorsque les capitaux garantis sont d'un montant limité, ou encore dans les assurances collectives qui comportent par nature une compensation technique des risques.

L'examen médical porte notamment sur les différentes données que les statistiques révèlent importantes pour évaluer les risques de mortalité. Le rapport médical ne doit en aucun cas être communiqué aux intermédiaires d'assurance, agents ou courtiers.

En outre, cet examen ne dispense pas l'assuré de faire preuve de bonne foi dans ses réponses au questionnaire de santé et ne saurait l'absoudre de ses mensonges ou omissions coupables.

B) La sanction de la déclaration irrégulière

La sanction de son éventuel caractère incomplet ou inexact, est prévue en droit français par l'article L. 113-8 du CAF et en droit congolais par l'article 14 du CAC et qui utilisent la même rédaction : « le contrat d'assurance est nul en cas de réticence ou de fausse déclaration intentionnelle de la part de l'assuré, quand cette réticence ou cette fausse déclaration change l'objet du risque ou en diminue l'opinion pour l'assureur, alors même que le risque omis ou dénaturé par l'assuré a été sans influence sur le sinistre ».

La sanction applicable en présence d'une déclaration inexacte du risque varie selon que l'assuré était de bonne ou de mauvaise foi, lorsqu'il a répondu au questionnaire de l'assureur.

Il appartient à l'assureur de démontrer la mauvaise foi de l'assuré et cette mauvaise foi ne saurait résulter du seul fait que le proposant a répondu inexactement à une demande, affirmant que le secret médical peut être invoqué par l'assuré, ou précise figurant dans le questionnaire.

Cependant, l'article 15 du CAC dispose que « l'omission ou la déclaration inexacte de la part de l'assuré dont la mauvaise foi n'est pas établie n'entraîne pas la nullité du contrat d'assurance. Si elles sont constatées avant tout sinistre, l'assureur a le droit, soit de maintenir le contrat moyennant une augmentation de prime acceptée par l'assuré, soit de résilier le contrat dix jours après notification adressée à l'assuré par lettre recommandée ou tout autre moyen avec accusé de réception, en restituant à l'assuré la portion de la cotisation payée pour le temps où l'assurance ne court plus ».

En général, ce sont les réponses mensongères relatives aux antécédents du risque et plus spécialement à l'état de santé de l'assuré, qui sont cause de nullité.

C'est le cas du souscripteur qui a déclaré ne pas être atteint d'une maladie grave ou chronique alors qu'il suivait un traitement médical en raison d'une dyslipidémie, commet une fausse déclaration intentionnelle qui modifie l'appréciation du risque pour l'assureur[108]. Et également, le cas de l'assuré qui avait répondu négativement à la question de l'assureur lui demandant si en raison de son état de santé il était soumis à un traitement médical alors que des certificats médicaux attestaient que celui-ci prenait de manière régulière depuis deux ans avant l'adhésion, un traitement psychotrope, comportant des antidépresseurs et des anxiolytiques[109].

La preuve de la dissimulation des antécédents médicaux est souvent rendue malaisée par le secret médical opposé, soit par le médecin requis de fournir l'information réclamée, soit par l'assuré, ses ayants droit ou le bénéficiaire.

Dans cette hypothèse, la jurisprudence récente prend une position clairement favorable à l'assuré ou opposée par le médecin traitant, pour justifier le refus de communiquer des informations médicales à l'assureur. Elle prend toutefois le soin de préciser que, pour limiter les conséquences de ce droit au secret médical, le juge du fond se réserve le droit d'apprécier si le refus tend à faire respecter un intérêt légitime ou à faire écarter un élément de preuve, et que l'assuré peut renoncer par avance à se prévaloir du secret médical[110].

L'existence d'autres contrats sur la tête assurée est un élément susceptible d'influer sur l'opinion de l'assureur. Ce dernier peut imposer à l'assuré l'obligation de

[108] Cass. 2e civ. 9 février 2012, n° 11-10091, EDAS, 10 avril 2012, n° 4, p. 5.

[109] Cass. 2e civ. 3 novembre 2011, n° 10-25818, EDAS, 6 décembre 2011, n° 11, p. 3.

[110] S. ABRAVANEL-JOLLY, « Le secret médical en assurances personnes », RGDA, 1er octobre 2005, n° 2005-04, p. 887.

l'informer de l'existence des autres polices qu'il a pu souscrire[111].

S'agissant des déclarations faites par l'assuré chez le même assureur pour des contrats antérieurs, il est de principe que chaque contrat doit être traité de manière distincte et à chaque nouvelle souscription doit normalement correspondre une nouvelle déclaration, quand bien même l'assureur posséderait déjà des données le concernant au titre d'autres contrats d'assurance[112].

De même, en vertu du principe de bonne foi qui gouverne les contrats d'assurance, l'assuré est tenu, à l'occasion de chaque souscription, de déclarer son état de santé actuel ainsi que ses antécédents médicaux. La solution est d'autant plus compréhensible que l'état de santé de l'assuré peut évoluer, positivement ou négativement, entre deux souscriptions.

Signalons enfin que le droit congolais adopte le principe selon lequel l'erreur sur l'âge de l'assuré n'entraîne la nullité de l'assurance que lorsque son âge véritable se trouve en dehors des limites fixées pour la conclusion des contrats par les tarifs de l'assureur[113].

Faut-il encore ajouter que si, par suite d'une erreur sur l'âge de l'assuré, la prime payée est inférieure à celle qui aurait dû être acquittée, le capital ou la rente garanti est réduit en proportion de la prime perçue et de celle qui aurait correspondu à l'âge véritable de l'assuré. Si, au contraire, par suite d'une erreur sur l'âge de l'assuré, une prime trop forte a été payée, l'assureur est tenu de restituer la portion de prime qu'il a perçue en trop[114].

---

[111] Cass. 1re civ., 31 mars 1998, n° 95-21.986, n° 612, Resp. civ. et assur. 1998, comm. 214.

[112] A. LYLIAN ONDO, « Le régime probatoire de la fausse déclaration de santé faite par l'assuré au moment de la souscription du contrat d'assurance », *P.A.*, 16 octobre 2008 n° 208, p. 3.

[113] Art. 132-26 du CAF et art. 267 al. 1 du CAC.

[114] Art. 267 al. 3.

C) Cas particuliers de la souscription

Il importe de présenter certains cas particuliers de souscription du contrat d'assurance-vie tels que la souscription en ligne ou encore le cas de la souscription suite à une opération commerciale de démarchage.

Cas de la souscription du contrat d'assurance-vie à distance

Le contrat d'assurance peut être entièrement conclu à distance. Il en est ainsi chaque fois que souscripteur et assureur n'auront à aucun moment été en présence physique l'un de l'autre (souscription par correspondance, par téléphone, par Internet…)[115]. En raison des risques que la souscription des contrats d'assurance à distance présente pour les consommateurs, les législations française et marocaine sont intervenues pour poser les cadres d'une réglementation protectrice[116].

En droit français

La fourniture à distance d'opérations d'assurance à un consommateur est régie par l'article L. 112-2-1 du CAF, lequel a été institué par l'ordonnance du 6 juin 2005. Cette ordonnance a transposé dans le Code de la consommation la directive européenne du 23 septembre 2002 relative à la commercialisation à distance de services financiers[117]. Les articles R. 112-4 et R. 112-5 du code définissent les conditions d'application de l'article L. 112-2-1 précité.

Ainsi, sont concernés par ces textes tous les types de contrats d'assurance souscrits par un consommateur, qu'il

---

[115] Cass. 2e civ., 17 janvier 2013, n° 11-20.155, JurisData n° 2013-000270, Resp. civ. et assur. n° 4, avril 2013, comm. 133, note F. LEDUC.

[116] ELHABBOULI HICHAM, « Le contrat d'assurance vie en droit comparé franco-marocain », thèse de doctorat.

[117] B. CERVEAU, « Chronique de jurisprudence de droit des assurances », de GP, 27 avril 2013, n° 117, p. 21.

s'agisse d'assurance dommage ou d'assurance-vie. L'article L. 112-2-1 précise, en outre, que la vente doit s'effectuer au moyen d'une technique de commercialisation à distance (téléphone, télécopie ou Internet) et sans qu'il y ait présence simultanée du fournisseur et du consommateur à l'occasion des opérations de commercialisation[1].

Aussi, l'article L. 121-20-11 confère au consommateur le droit de changer, à tout moment au cours de la relation contractuelle, les techniques de communication à distance utilisées, à moins que cela ne soit incompatible avec le contrat à distance conclu ou avec la nature du service financier fourni.

Toutefois, il existe une autre condition nécessaire pour que le contrat entre dans le champ d'application de l'ordonnance précitée, il faut que le fournisseur de services s'adresse à un consommateur. Un non-consommateur, et donc un professionnel, ne bénéficie pas des dispositions de l'ordonnance qui sont supposées protéger uniquement le consommateur. La notion de consommateur n'est pas définie par l'article L. 121-20-8 du code de la consommation, mais par la directive, et par l'article L. 112-2-1-I du CAF qui précise qu'il faut entendre par consommateur « toute personne physique qui, dans les contrats à distance, agit à des fins qui n'entrent pas dans le cadre de son activité commerciale ou professionnelle »[2].

Cependant, le dernier critère d'application du dispositif ne vise que la première convention de service lorsqu'elle est suivie d'opérations successives ou d'une série d'opérations distinctes de même nature, échelonnées dans le temps. Pour les contrats renouvelables par tacite recon-

---

[1] B. CERVEAU, *idem*, p. 21.

[2] G. DEFRANCE, *Les informations dues dans l'assurance à distance*, disponible sur www.argusdelassurance.com, publié le 21 avril 2006.

duction, les dispositions de l'ordonnance ne s'appliquent qu'en vue et lors de la conclusion du contrat initial. Les opérations et prestations ultérieures ne sont que des actes d'exécution.

Le dispositif de protection du consommateur contenu dans les dispositions du Code des assurances et du code de la consommation repose pour l'essentiel sur l'information préalable et la faculté de rétractation.

Le consommateur doit recevoir, par écrit ou sur un autre support durable[1] à sa disposition et auquel il a accès en temps utile et avant tout engagement, les conditions contractuelles ainsi que les informations prévues à l'article L. 112-2-1-III du CAF qui impose des obligations d'information à délivrer avant la conclusion d'un contrat à distance et notamment la nécessité d'une identification précise de l'assureur, de préciser le montant de la prime et la durée du contrat, la durée de la proposition, ainsi que la loi applicable au contrat, la langue utilisée et l'existence de modes alternatifs de règlement des conflits. De surcroît, les documents précontractuels prévus par l'article L. 132-5-2 du Code des assurances doivent également être communiqués[2].

---

[1] La directive du 23 septembre 2002 concernant la commercialisation à distance de services financiers auprès des consommateurs définit la notion de support durable en ces termes : « Les "supports durables" incluent notamment les disquettes informatiques, les CD-ROM, les DVD et le disque dur de l'ordinateur du consommateur sur lequel le courrier électronique est stocké, mais ils ne comprennent pas les sites internet, sauf ceux qui satisfont aux critères spécifiés dans la définition des supports durables ». Cette notion a été l'objet d'une décision de la Cour de justice de l'Union européenne du 5 juillet 2012 ; V. communication de M. P. POIGET au colloque de l'Association des Juristes d'Assurance et de Réassurance du 4 décembre 2012 tenu sous le thème « La dématérialisation du contrat d'assurance ».

[2] L. GRYNBAUM et F. LEPLAT, Ordonnance « services financiers à distance », de la relativité du Code de la consommation comme

Les infractions à l'obligation de communication de ces informations précontractuelles et des conditions contractuelles sont constatées et sanctionnées par l'ACPR ou par les enquêteurs de la répression des fraudes. Toutefois, la sanction la plus efficace consiste dans la faculté rétractation, qui peut s'exercer dans un délai de trente jours pour l'assurance-vie. Ce délai commence à courir soit à compter de la conclusion du contrat d'assurance, soit à partir de la remise effective des documents d'information.

<u>En droit congolais</u>

L'analyse des cas de souscription du contrat d'assurance-vie à distance nous a permis de relever les lacunes de la législation congolaise par une approche à la fois légale, jurisprudentielle et doctrinale. D'où le luxe que nous avons pour affirmer qu'à l'heure actuelle, les notifications, les informations et autres envoyés via e-mail n'ont aucune nature juridique en RDC.

Ce qui nous pousse à penser que compte tenu du contexte actuel où les réalités commerciales intègrent la dimension communicationnelle basée sur l'outil informatique, le législateur congolais devrait s'inspirer des acquis du droit comparé pour réglementer le champ des obligations contractuelles à distance par voie électronique et ainsi assurer la protection des contractants notamment en cas de litige survenu.

D'un point de vue juridique, un courrier électronique peut être produit en justice. En effet, sous certaines conditions, il peut faire foi et avoir la même force probante que l'écrit sur un support papier lorsque notamment les parties conviennent clairement dans le contrat qu'elles peuvent

---

code… pilote, *La Semaine Juridique*, *Édition Générale* n° 50, 14 décembre 2005, I, 193.

communiquer, envoyer et recevoir des notifications ainsi que des informations par mail.

SECTION II. PRISE D'EFFET ET PREUVE DU CONTRAT

Les règles régissant la prise d'effet et la preuve du contrat d'assurance-vie sont identiques à celles du droit commun.

§1. Prise d'effet du contrat

En principe, le contrat d'assurance-vie prend effet immédiatement, autrement dit dès l'échange des consentements de l'assureur et du souscripteur.

Toutefois, la détermination du point de départ de la garantie est complexe, dans la mesure où le moment de l'échange des consentements, matérialisé par la signature de l'assureur ou du souscripteur selon les cas, est parfois difficile à établir[1].

Pour éviter tout contentieux relatif à la date de prise d'effet du contrat, l'assureur français fait souvent figurer dans les polices des clauses dites de prise d'effet, qui offrent des repères précis pour fixer le point de départ de la garantie.

Ne disposant d'aucune action pour exiger le paiement des primes ou cotisations, même de la première, les assureurs vie subordonnent la prise d'effet des garanties au paiement de la première prime afin d'éviter à garantir un risque sans contrepartie.

En outre, le souscripteur français dispose d'un droit de renonciation[2] pendant un délai de trente jours à compter du premier versement. L'exercice de ce droit oblige l'assureur à restituer l'intégralité des sommes versées, de

---

[1] S. BERTOLASO, JCl. Fasc. 5-40.
[2] S. BERTOLASO, *op. cit.*, p. 7.

sorte qu'il est généralement stipulé que le contrat prendra effet à l'expiration du délai de renonciation[1].

L'assureur peut y renoncer expressément ou tacitement. Il en est ainsi lorsqu'il accorde un délai de paiement au souscripteur ou lorsqu'une date précise d'effet est fixée aux conditions particulières[2].

Tel est le cas en droit congolais où toute personne physique qui a signé une proposition ou un contrat d'assurance a la faculté d'y renoncer par lettre recommandée ou tout autre moyen avec accusé de réception endéans trente jours, à compter du premier versement[3].

Faut-il encore ajouter et toujours en droit congolais que la renonciation entraîne la restitution des primes versées, déduction faite du coût de la police, dans le délai maximal de trente jours à compter de la réception de ladite prime. Au-delà de ce délai, les sommes non restituées produisent de plein droit intérêt au double du taux directeur de la Banque centrale du Congo. L'exercice de ce droit oblige l'assureur à restituer l'intégralité des sommes versées, de sorte qu'il est généralement stipulé que le contrat prendra effet à l'expiration du délai de renonciation[4].

A. La preuve du contrat

Le contrat d'assurance-vie entrant dans la catégorie des contrats consensuels, aucun écrit n'est nécessaire pour sa formation. Cela étant, la rédaction de documents de souscription s'impose aux fins de preuve par les parties de son existence et de son contenu[5]. Ainsi, lorsque l'existence du

---

[1] G. COURTIEU, JCl. Fasc. 515-20.
[2] G. COURTIEU, *op. cit.*, p. 515-20.
[3] Art. 251 du CAC.
[4] Art. 262 du CAC.
[5] S. BERTOLASO, JCl. Fasc., *op. cit.*, p. 5-40.

contrat d'assurance est contestée, la preuve doit en être rapportée par écrit[1].

Par exemple, une Cour d'appel ne peut pas condamner un assureur à verser un capital d'assurance sur la vie, sans relever l'existence d'un écrit émanant de lui et faisant la preuve du contrat d'assurance ou, du moins, constitutif d'un commencement de preuve par écrit[2].

La preuve de l'écrit peut être établie par tout moyen ; par police d'assurance, d'une note de couverture, d'un échange de correspondance ou bien par un télex émis par l'assureur et adressé à l'assuré, lui confirmant l'acceptation de la demande d'assurance[3]. Cet écrit, appelé « police » ou encore « conditions particulières », est rédigé et signé par l'assureur, conformément à la proposition d'assurance, puis envoyé au souscripteur.

B. Structure de la police

Le Code des assurances congolais ne donne aucune indication relative à la composition de la police d'assurance.

Généralement, la police en France est constituée de deux types de documents.

Les conditions générales, pré-rédigées, et soumises à l'adhésion du souscripteur sans aménagement possible, comportent les clauses communes à tous les membres de la mutualité des assurés. Elles décrivent la garantie en énumérant les exclusions générales, les plafonds et les règles de base de fonctionnement du contrat, notamment les obligations des parties[4].

---

[1] Cass. 3e civ., 28 octobre 1975, Bull. civ., 1975, III, n° 312.

[2] Cass. 1re civ., 10 juillet 2002, JurisData n° 2002-015149 ; Resp. civ. et assur. 2002, comm. 349.

[3] Cour Suprême, cham. civ. n° 368303/06/1998, *Revue de la Cour Suprême* n° 56, 1998, p. 113.

[4] S. BERTOLASO, JCl. Fasc., *op. cit.*, p. 5-40.

Les conditions particulières réalisent une adaptation du contrat d'assurance à la situation spécifique du souscripteur et du risque assuré. Elles peuvent déroger aux conditions générales[1].

§2. Rédaction de la police

La rédaction de la police obéit à des règles de fond et d'autres de forme.

A. Règles de fond

Les règles de fond régissant la rédaction de la police sont énoncées dans les codes des assurances français et congolais.

<u>1) En droit français</u>

Les règles de rédaction de la police d'assurance-vie sont fortement encadrées par des mentions obligatoires. Ainsi, la police d'assurance-vie doit comporter des mentions communes à tous les contrats d'assurance et des mentions spécifiques à l'assurance-vie.

– Les mentions communes à tous les contrats d'assurance :

Le contrat d'assurance-vie doit indiquer les mentions prévues par L. 112-4, L. 113-12, et R. 112-1 du CAF, soit :

– *les noms et domicile des parties contractantes ;*

– *la personne assurée ;*

– *la nature des risques garantis ;*

– *le moment à partir duquel le risque est garanti et la durée de cette garantie ;*

– *le montant de cette garantie ;*

---

[1] S. BERTOLASO, *op. cit.*, p. 5-40.

– *la prime ou cotisation de l'assurance ;*
– *l'adresse du siège social de l'assureur ;*
– *le nom et l'adresse des autorités chargées du contrôle de l'entreprise qui accorde la couverture.*

Lorsque la loi applicable au contrat n'est pas la loi française, celle-ci doit également être indiquée.

– Les mentions obligatoires spécifiques au contrat d'assurance-vie :

Outre les informations déjà obligatoires à fournir lors de la souscription, la loi n° 2003-706 du 1er août 2003 relative à la sécurité financière prévoit que le contrat d'assurance-vie doit notamment préciser[1] :

– *les conditions d'affectation des bénéfices techniques et financiers ;*
– *la somme des primes ou cotisations versées ;*
– *le cas échéant, les caractéristiques principales des unités de compte.*

En outre, l'article L. 132-5 du CAF prévoit que ces contrats doivent comporter des clauses tendant à définir, pour assurer la sécurité des parties et la clarté du contrat, l'objet du contrat et les obligations respectives des parties.

Le contenu de ces clauses est précisé par les articles R. 132-3 et R. 132-4 du même code. Elles doivent ainsi indiquer :

– *les noms, prénoms et date de naissance de l'assuré ou des assuré(s) ;*
– *l'événement ou le terme duquel dépend l'exigibilité du capital ou de la rente garantis ;*
– *les délais et modalités de règlement du capital ou de la rente garantis ;*
– *les frais prélevés par l'entreprise d'assurance lorsqu'il s'agit de contrat d'assurance en cas de vie (avec ou sans contre-assurance) ou de capitalisation.*

[1] Loi n° 2003-706 du 01.08.2003 relative à la sécurité financière.

Ces frais peuvent être libellés dans la monnaie du contrat ou calculés en % des primes, des provisions mathématiques, du capital garanti ou du rachat effectué. Pour les autres contrats comportant des valeurs de rachat, elles doivent indiquer les frais prélevés en cas de rachat[1].

Il doit aussi mentionner chaque année, et dès que la provision mathématique excède un montant fixé à 2 000 €, le montant de la valeur de rachat, de la valeur de réduction, des capitaux garantis et de la prime de contrat, le rendement garanti ainsi que la participation aux bénéfices.

Le contrat doit également faire figurer dans un tableau les valeurs de rachat des 8 premières années. Il doit également indiquer les valeurs minimales de rachat ou de transfert, et donner des valeurs de rachat génériques (valeurs indiquées à partir d'un nombre générique initial de 100 unités de compte).

Pour les contrats souscrits à compter du 1er mai 2006, le contrat doit mentionner, avant l'espace dévolu à la signature, que le souscripteur peut renoncer au contrat pendant 30 jours[2].

2) En droit congolais

Les mentions communes à tous les contrats d'assurance :

Le contrat d'assurance-vie doit indiquer les mentions prévues par l'art. 9 du CAC. Ce contrat est daté du jour où il est établi. Il indique :

1. Les noms et domiciles des parties contractantes ;

2. La chose ou la personne assurée ;

3. La nature des risques garantis ;

---

[1] L'article L. 132-5, Code des assurances français.

[2] L'article L. 132-5, Code des assurances français.

4. La qualité d'experts appelés à intervenir en cas de sinistre ;

5. Le moment à partir duquel le risque est garanti et la durée de la garantie ;

6. Le montant de la garantie ;

7. La cotisation d'assurance à payer par l'assuré ;

8. Les cas et les modalités de prorogation ;

9. Les cas et les modalités de résiliation ;

10. Les obligations de l'assuré à la souscription et en cours de contrat en ce qui concerne la déclaration de la nature du risque, la déclaration des autres assurances souscrites sur le même risque et les sanctions applicables ;

11. Les conditions et les modalités de la déclaration à faire en cas de sinistre et les sanctions en cas de défaut ou de retard de déclaration ;

12. Les délais endéans lesquels l'assureur doit faire une proposition de transaction ainsi que ceux dans lesquels l'indemnité de sinistre doit être payée ;

13. La procédure et les principes mis en œuvre pour déterminer l'indemnité ;

14. La prescription de l'action en indemnisation ainsi que les cas d'interruption et de suspension de ladite prescription.

Les mentions obligatoires spécifiques au contrat d'assurance-vie :

Outre les informations déjà obligatoires à fournir lors de la souscription, le Code des assurances congolais en son article 248 indique des éléments que doit préciser le contrat d'assurance-vie :

– les noms, prénoms et date de naissance de l'assuré ou des assurés(s) ;

– l'événement ou le terme dont dépend l'exigibilité du capital ou de la rente garantis ;

– les délais et modalités de règlement du capital ou de la rente garantis.

L'article 250 du CAC indique que les contrats d'assurance-vie ou de capitalisation fixent les frais prélevés par l'entreprise d'assurance lorsqu'il s'agit de contrat d'assurance en cas de vie (avec ou sans contre-assurance) ou de capitalisation. Ces frais peuvent être libellés dans la monnaie du contrat ou calculés en pourcentage des primes, des provisions mathématiques, du capital garanti ou du rachat effectué. Pour les autres contrats comportant des valeurs de rachat, il doit indiquer les frais prélevés en cas de rachat.

B. Règles de forme

La rédaction de la police obéit, en droit français et congolais, à des règles de forme protectrices du consommateur d'assurance, conformément aux principes énoncés à L. 133-2 du Code de la consommation en France et à l'article 9 du CAF.

À cet effet, les articles précités imposent que le contrat d'assurance soit écrit en termes simples et en caractères lisibles. Les clauses ambiguës s'interprètent en faveur de l'assuré.

1) En droit français

En vertu de l'article L. 112-3, al. 1er du CAF, la police doit être rédigée en français et en caractères apparents.

Le contrôle de l'obligation de la rédaction de la police en langue française par l'assureur s'est vu renforcé par les tribunaux, et ce, depuis que des opérations d'assurance sur la vie peuvent être souscrites en libre prestation de services.

Le formalisme imposé par le législateur en matière de rédaction de la police se trouve davantage renforcé pour certaines clauses susceptibles de priver l'assuré de la garantie et qui nécessitent une attention particulière du souscripteur. Il s'agit des clauses édictant des nullités, des déchéances, des exclusions ou encore la durée du contrat qui doivent être, d'après les articles L. 112-4 et L. 113-15 du CAF, mentionnées en caractères très apparents. La validité de telles clauses[1] et leur opposabilité aux assurés sont conditionnées par leur inscription au contrat en caractères très apparents.

Aussi, des règles spéciales formulées par le CAF sont prévues pour asseoir la sécurité du souscripteur. C'est le cas de l'article L. 132-5 du CAF qui impose le respect du principe selon lequel les contrats « doivent comporter des clauses tendant à définir, pour assurer la sécurité des parties et la clarté du contrat, l'objet du contrat et les obligations respectives des parties ».

Signalons enfin que depuis l'entrée en vigueur de la loi n° 2007-1775 du 17 décembre 2007 permettant la recherche des bénéficiaires des contrats d'assurance sur la vie non réclamés et garantissant les droits des assurés et qui modifie les dispositions de l'article L. 132-6 du CAF, la police d'assurance-vie ne peut être ni à ordre, ni au porteur.

Cette nouvelle disposition est venue pour prendre acte de la tombée en désuétude de la pratique de l'endossement qui constitue une modalité particulière de transmission du bénéfice de l'assurance sur la vie[2].

---

[1] Cass. 2e civ., 8 oct. 2009, n° 08-14.482, JurisData n° 2009-049, 825 ; Resp. civ. et assur. 2010, comm. 2.

[2] Sénat, Rapport n° 447 fait par M. E. STRAUMANN, sur la proposition de loi n° 397 modifiée par le Sénat, permettant la recherche des bénéficiaires des contrats d'assurance sur la vie non réclamés et garantissant les droits des assurés. Du 5 Mars 2007

2) En droit congolais

Le droit congolais des assurances adopte les mêmes dispositions consuméristes que celles consacrées par le droit français en matière de protection des souscripteurs, et ce, en imposant à l'assureur, lors de la rédaction de la police, le respect de certaines conditions de formes.

Ainsi, l'article 9 du CAC exige la mention en caractères très apparents de certaines clauses du contrat telles que celles édictant des nullités ou prévoyant des déchéances, celles exposant les règles d'indemnisation et celles relatives aux exclusions de garantie. Celles-ci ne sont valables que si elles sont mentionnées en caractères gras ou apparents.

C. Interprétation de la police

Les polices d'assurance obéissent aux mêmes règles d'interprétation que les autres contrats. Elles sont d'interprétation stricte et les juges n'ont pas à les interpréter, lorsque les termes du contrat sont clairs, conciliables avec le but évident de l'acte et que le rapprochement de ses différentes clauses ne fait naître aucune incertitude sur leurs sens et leur portée[1].

En cas d'ambiguïté ou de désaccord, des clauses, l'obligation s'interprète dans le sens le plus favorable à l'assuré en ce sens que c'est l'assureur qui rédige le contrat[2].

Ce principe jurisprudentiel est devenu une disposition légale directement consumériste, et d'ordre public, consacrée en France par l'article L. 133-2, alinéa 1er du Code de la consommation et en RDC, par l'article 60 du Code civil, livre 3 qui dispose que « dans le doute, la convention

[1] Cour suprême n° 5253, 18 octobre 1960, Recueil des arrêts Cour suprême 1960-1965,édition Laporte librairie Médicis, 1967, p.2

[2] Art. 9 du CAC.

s'interprète contre celui qui a stipulé, et en faveur de celui qui a contracté l'obligation »[1].

[1] Lorsqu'un doute existe au sujet d'une clause litigieuse, il faut se prononcer contre l'interprétation de celui qui était stipulant sur cette clause, car il avait l'obligation d'émettre ses prétentions en termes clairs et non ambigus (*Katuala kaba kashala*, Code civil congolais annoté, édition Batena Ntambua, Kinshasa, 2009, p. 46).

CHAPITRE II

Les actes relatifs à l'exécution du contrat d'assurance-vie

Le contrat d'assurance-vie met en présence au moins trois personnes : l'assuré, le souscripteur et le bénéficiaire. Toutes les parties du contrat ont des droits et des obligations. Ceux du bénéficiaire sont ceux-là mêmes qui engendrent les effets de la stipulation pour autrui.

Ainsi, le contrat d'assurance-vie se caractérise par l'obligation pour l'assuré de payer la prime et pour l'assureur de régler la prestation d'assurance, à savoir le capital ou la rente garantie. Par conséquent, chaque partie au contrat d'assurance-vie a des droits et des obligations dont la base est le contrat lui-même (section 1).

Aussi, l'assurance-vie en tant que contrat est basée juridiquement sur la stipulation pour autrui. Par conséquent, le contrat d'assurance-vie produit ses effets en cas de décès de l'assuré. Ces effets se matérialisent au niveau des engagements de l'assureur non pas à l'égard du souscripteur, mais à celui d'un tiers bénéficiaire, qui non seulement n'est pas intervenu dans la formation de ce contrat, mais peut encore en ignorer l'existence (section 2).

SECTION I. LES CONDITIONS DES PARTIES

L'exécution du contrat d'assurance en droit d'assurance congolais se matérialise par la réalisation des obligations incombant à l'assuré et à l'assureur.

§1. Conditions juridiques de l'assuré

Les droits et les obligations de l'assuré sont nombreux et variés. Néanmoins, on examinera dans cette rubrique que les plus importants ayant une incidence majeure lors de l'exécution du contrat notamment l'obligation de paiement de la prime et les droits du souscripteur au titre de l'attribution bénéficiaire et ceux résultant de la provision mathématique.

A. Obligations du souscripteur : paiement de la prime[1]

Les principales obligations à la charge de l'assuré sont le paiement de la prime et la déclaration du risque.

Signalons à ce niveau que la déclaration du risque en assurance-vie est une obligation dont l'exécution est effectuée lors de la souscription[2] et non en cours du contrat. Il est, en effet, de la nature même des assurances décès de prendre en charge les aggravations du risque de décès dont les statistiques de mortalité servant à établir le tarif tiennent compte. Les modifications de l'état de santé de l'assuré constituent l'un des aléas constituant le risque, objet de l'assurance[3].

---

[1] L'obligation de payer la prime incombe au souscripteur. Toutefois, tout intéressé peut se substituer au contractant pour payer les primes, ainsi dit l'art. 260 du CAC.

[2] ELHABBOULI HICHAM, *op. cit.*, p. 140.

[3] G. COURTIEU, Assurances terrestres. – Assurances de personnes. Assurance vie, JCl. Civil Annexes, Fasc. 15-20, 21 mai 2003 (mise à jour du 24 février 2014), p. 140.

Aussi, la dispense du souscripteur de déclarer les aggravations du risque trouve son fondement légal en droits français et congolais dans les articles L. 113-2 du CAF et 17 du CAC.

1. Caractéristiques de la prime en assurance-vie

La prime du prix de l'assurance représente techniquement le coût de la garantie du risque ; juridiquement, elle est la contrepartie de la sécurité vendue par l'assureur[1].

Elle prend le nom de « cotisation » dans les entreprises à caractère mutuel, dans lesquelles le sociétaire assuré est en même temps membre d'une communauté mutualiste organisée de manière spécifique[2]. Son paiement constitue l'obligation principale du souscripteur à l'égard de l'assureur.

Il convient de distinguer « la prime pure » de la « prime commerciale ». La première présente le coût de la garantie compte tenu des techniques de l'assurance-vie et des données statistiques.

La prime commerciale est constituée de la prime pure à laquelle sont ajoutés « les chargements », autrement dit les frais. Il s'agit du « tarif » de l'entreprise d'assurances. Ce tarif comprend la rémunération de l'entreprise et est établi sur un taux d'intérêt technique fixé réglementairement, ainsi que sur la base des tables de mortalité autorisées.

Le souscripteur peut se libérer en une ou plusieurs fois. Dans le premier cas, il s'agit d'une « prime unique ». Dans le second cas, il s'agit de primes périodiques.

---

[1] Y. LAMBERT-FAIVRE et L. LEVENEUR, *op. cit.*, p. 141.
[2] Y. LAMBERT-FAIVRE et L. LEVENEUR, *idem*, p. 141.

2. Le caractère facultatif du paiement des primes en assurance-vie

Pour les contrats à versements libres, le caractère purement volontaire du paiement de primes en constitution d'une épargne est particulièrement souligné puisque le souscripteur alimente librement son contrat selon ses facultés d'épargne[1].

S'agissant du cas des contrats à prime unique, le problème du paiement des primes au cours du contrat ne se pose pas puisque l'obligation en a été satisfaite en une seule fois par le paiement d'un capital généralement constitutif d'une rente.

3. Le paiement facultatif de la prime

Le paiement de la prime est facultatif en droit congolais. Cependant, lorsqu'une prime ou une fraction de prime n'est pas payée dans les dix jours de son échéance, l'assureur adresse au contractant une lettre recommandée ou tout autre document par lequel il l'informe qu'à l'expiration d'un délai de quarante jours à dater de l'envoi de cette lettre, le défaut de paiement entraîne soit la résiliation du contrat en cas d'inexistence ou d'insuffisance de la valeur de rachat, soit la réduction du contrat[2]. L'envoi par lettre recommandée ou par tout autre moyen avec accusé de réception par l'assureur rend la prime portable dans tous les cas[3].

Il sied de noter que cette règle du paiement facultatif des primes souffre d'une dérogation en droit français, d'une exception consacrée par la jurisprudence, et qui concerne les assurances dites mixtes comprenant à la fois des garanties-vies et des garanties dommages corporels.

---

[1] Y. LAMBERT-FAIVRE et L. LEVENEUR, *op. cit.*, p. 338.

[2] Art. 261 al. 3 du CAC.

[3] Art. 261 al. 4 du CAC.

La question est de savoir si l'assureur est fondé à poursuivre judiciairement le paiement des primes par application de l'article L. 113-3 du CAF ou s'il convient de se référer au régime propre aux assurances sur la vie, c'est-à-dire à l'article L. 132-20, édictant le caractère facultatif du paiement[1].

La Cour de cassation française semble avoir posé le principe, que, dès lors que l'assurance couvre, outre le risque décès, d'autres risques du type « dommages à la personne », elle a une nature composite et que, en conséquence, l'article L. 132-20 doit être écarté au profit de l'article L. 113-3 qui permet à l'assureur de poursuivre le paiement des primes, c'est-à-dire de la totalité de la prime.

4. Débiteur de la prime

Le débiteur de la prime est le souscripteur qui, seul, s'est engagé envers l'assureur en contractant avec lui. Ni l'assuré, ni le bénéficiaire qui, en ces qualités, sont des tiers, ne sont débiteurs de la prime.

Toutefois, les articles L. 132-19 du CAF et 260 du CAF accordent la possibilité à tout intéressé de se substituer au contractant pour payer les primes.

Par intéressé, il faut entendre toute personne à laquelle le maintien de l'assurance procure un avantage matériel ou moral. Le plus souvent, il s'agit du bénéficiaire ou des créanciers du souscripteur.

5. Recouvrement de la prime

Le droit français impose à l'assureur d'aviser l'assuré ou la personne chargée du paiement des primes, dans le

---

[1] Cass. 1re civ., 1er déc. 1981, Bull. civ. 1981, I, n° 357, RGAT 1983, p. 169 ; Cass. 2e civ., 4 octobre 2012, n° 11-19.431, JurisData n° 2012-022157 ; Resp. civ. et assur. 2013, comm. 32, note H. GROUTEL.

délai convenu au contrat, et ce, avant chaque échéance de prime ou cotisation, de la date de l'échéance et du montant de la somme dont il est redevable.

En droit congolais, l'entreprise d'assurance ou de capitalisation n'a pas d'action pour exiger le paiement des primes[1].

Étant donné que le paiement de la prime est facultatif, les formalités générales prévues par les articles L. 113-3 du CAF et 261 du CAC, en cas de non-paiement, ne sont pas applicables en assurance-vie, l'assureur envoie d'abord une lettre recommandée qui fait courir un délai de 40 jours en France et pendant lequel la garantie est intégralement maintenue.

Le défaut de paiement d'une prime ne peut avoir pour sanction que la suspension suivie de la réduction ou de la résiliation pure et simple du contrat et, dans ce dernier cas, la mise à la disposition de l'assuré de la valeur de rachat que ledit contrat a éventuellement acquise[2].

Soulignons à ce niveau que la résiliation n'est pas opposable au bénéficiaire de la garantie si la lettre recommandée envoyée au souscripteur faisait état d'une alternative possible entre résiliation d'un côté, et réduction de droits de l'autre, alors que la résiliation était la seule sanction possible[3].

6. Conséquences du défaut de paiement

À l'expiration du délai de 40 jours en France et en RDC, intervient soit la résiliation pure et simple du contrat, en cas d'inexistence ou d'insuffisance de la valeur de rachat, soit sa réduction.

[1] Art. 261 al. 1 du CAC.
[2] Art. 261 al. 2 du CAC.
[3] ELHABBOULI HICHAM, *op. cit.*, p. 143.

a) Résiliation pure et simple du contrat

La résiliation pure et simple est encourue dans les contrats qui ne suscitent pas la constitution d'une provision mathématique au profit de l'assuré. Les articles L. 132-23 du CAF et 265 du CAC énumèrent les assurances dépourvues de réduction ou de rachat, notamment les assurances temporaires en cas de décès ainsi que les rentes viagères immédiates ou en cours de service qui ne peuvent comporter ni réduction ni rachat ainsi que les assurances de capitaux de survie et de rente de survie, les assurances en cas de vie sans contre-assurance et les rentes viagères différées sans contre-assurance ne peuvent comporter de rachat.

Les contrats d'assurance temporaire où il n'y a qu'une prime de risque calculée sur la période garantie, les assurances de capitaux de survie et de rente de survie, les assurances en cas de vie sans contre-assurance et les rentes viagères différées sans contre-assurance.

b) Réduction du contrat

La réduction du contrat est définie par l'article 3 point 53 du CAC comme étant une « opération qui détermine le nouveau capital ou la nouvelle rente garantis appelés "valeur de réduction" » auxquels aura droit un assuré ayant versé une partie des primes annuelles, dans le cadre d'un contrat d'assurance sur la vie, et qui cesse de payer ses primes.

Il y a « réduction » du capital ou des rentes assurées dès que le contrat comporte une provision mathématique, qui constitue une véritable créance du souscripteur-assuré.

Les assureurs français et congolais ne peuvent pas contraindre le souscripteur à payer ses primes, mais ils disposent d'une procédure décrite aux articles L. 132-20 du CAF et 262 du Code des assurances au terme de laquelle ils peuvent mettre le contrat en réduction.

Malgré sa mise en réduction, le contrat continue à produire tous ses autres effets, mais les engagements de l'assureur sont réduits en fonction du montant de la provision mathématique effectivement constituée.

Concernant les conditions et modalités de la mise en œuvre de la réduction, il importe de distinguer entre le cas de la France et celui de la RDC.

<u>En droit français</u>

Aux termes de l'article L. 132-23 du CAF, « les assurances temporaires en cas de décès, ainsi que les rentes viagères immédiates ou en cours de service, ne peuvent comporter de réduction ». Cette disposition se justifie par le fait que la réduction est généralement liée à l'existence d'une valeur de rachat et que ces contrats en sont dépourvus.

Concernant les modalités de la mise en œuvre de la réduction, ces dernières doivent être prévues au contrat. En pratique, la réduction peut intervenir à la demande du souscripteur qui ne souhaite plus payer les primes prévues au contrat. La réduction doit alors être constatée par un avenant au contrat ; ou en cas de non-paiement d'une prime ou fraction de prime.

De même, l'assureur peut d'office substituer le rachat à la réduction si la valeur de rachat du contrat est inférieure à la moitié du montant brut mensuel du salaire minimum de croissance applicable en métropole, calculé sur la base de la durée légale hebdomadaire du travail, en vigueur au 1er juillet précédant la date à laquelle la réduction est demandée.

Les modalités de calcul de la valeur de réduction sont déterminées par le contrat d'assurance. Pour fixer la valeur de réduction, l'assureur ne peut imputer sur la provision mathématique du contrat une indemnité de réduction.

Devant cette apparente complexité, le législateur français s'est intervenu pour améliorer l'information du souscripteur lors de la souscription et en cours du contrat. Ainsi, lors de la souscription, l'assureur est tenu de préciser dans le contrat les modalités de calcul de la valeur de réduction.

En cours de contrat, l'assureur doit, à chaque échéance annuelle de prime, indiquer le montant de la valeur de réduction et préciser en termes précis et clairs dans la communication ce que signifie l'opération de réduction et quelles sont ses conséquences légales et contractuelles.

<u>En droit congolais</u>

Aux termes de l'article 262 al. 3 du CAC, les modalités de calcul de la valeur de réduction et de la valeur de rachat sont déterminées par un règlement général mentionné par le contrat et établi par l'assureur après accord de l'autorité de régulation et de contrôle des assurances. Dès la signature du contrat, l'assureur informe le contractant que ce règlement général est tenu à sa disposition sur sa demande.

L'assureur est tenu de communiquer au contractant, sur la demande de celui-ci, le texte du règlement général[1].

B. Droits de l'assuré

La propriété du contrat d'assurance-vie implique que le souscripteur soit seul titulaire du droit de désigner et de révoquer un bénéficiaire, ainsi que des droits sur la réserve mathématique[2].

---

[1] Art. 262 al. 3 du CAC.

[2] ELHABBOULI HICHAM, *op. cit.*, p. 146.

1. Droits du souscripteur au titre de l'attribution bénéficiaire

Le plus souvent, dans les assurances en cas de vie, le bénéficiaire est l'assuré-souscripteur lui-même, mais dans les assurances en cas de décès, la désignation d'un bénéficiaire est l'hypothèse normale.

Conformément aux règles de la stipulation pour autrui, le capital ou la rente garantis peuvent être payables lors du décès de l'assuré à un ou plusieurs bénéficiaires déterminés[1].

Cependant, est considérée faite au profit de bénéficiaires déterminés, la stipulation par laquelle le bénéfice de l'assurance est attribué à une ou plusieurs personnes qui, sans être nommément désignées, sont suffisamment définies dans cette stipulation pour pouvoir être identifiées au moment de l'exigibilité du capital ou de la rente garantis[2].

Ainsi, on peut considérer remplissant cette condition les personnes suivantes[3] :

– les enfants nés ou à naître du contractant, de l'assuré ou de toute autre personne désignée ;

– les héritiers ou ayants droit de l'assuré ou d'un bénéficiaire prédécédé.

L'assurance faite au profit du conjoint profite à la personne qui a cette qualité au moment de l'exigibilité[4].

Les héritiers ainsi désignés ont droit au bénéfice de l'assurance en proportion de leurs parts héréditaires. Ils conservent ce droit en cas de renonciation à la succession[5].

À défaut de désignation d'un bénéficiaire dans le contrat ou d'acceptation par le bénéficiaire, le contractant a le

---

[1] Art. 255 al. 1 du CAC.
[2] Art. 255 al. 2 du CAC.
[3] Art. 255 al. 3 du CAC.
[4] Art. 255 al. 4 du CAC.
[5] Art. 255 al. 5 du CAC.

droit de désigner un bénéficiaire ou de substituer un bénéficiaire à un autre. Cette désignation ou cette substitution ne peut être opérée, à peine de nullité, qu'avec l'accord de l'assuré lorsque celui-ci n'est pas le contractant. Elle peut être réalisée par voie d'avenant au contrat ou par voie testamentaire[1].

Il appartient au souscripteur-stipulant de désigner le bénéficiaire ; néanmoins, il garde la faculté de révoquer cette désignation tant que le tiers n'a pas accepté la stipulation faite à son profit.

1) La désignation

La désignation du bénéficiaire peut être faite à tout moment, depuis la conclusion du contrat jusqu'à la date d'exigibilité des sommes assurées et l'assureur n'a pas à donner son consentement à cette opération. La désignation est valable alors même que l'assureur n'en a pas été informé.

Concernant les modes de désignation, les articles L. 132-8 du CAF et 255 du CAC indiquent que la désignation du bénéficiaire peut être contenue dans la police ou s'effectuer par avenant, par testament, par accomplissement des formalités de la cession de créances.

a) Cause de la désignation

La désignation du bénéficiaire peut servir à plusieurs fins, elle est faite tantôt à titre gratuit, tantôt à titre onéreux[2].

---

[1] Art. 255 al. 6 du CAC.

[2] M. PICARD et A. BESSON, *op. cit.*, p. 148.

La désignation à titre gratuit

Le plus souvent – cette hypothèse doit être présumée –, il s'agit d'une attribution à titre gratuit. Le souscripteur entend avantager le bénéficiaire qui ne fournit aucune compensation. L'assurance-vie constitue ainsi un mode de libéralité indirecte, affranchie, en la forme, des solennités des donations.

La désignation à titre onéreux

La désignation à titre onéreux faite en faveur d'un créancier, notamment d'un banquier auprès de qui le souscripteur a obtenu un crédit, vise également à préserver l'héritage de la succession du souscripteur en cas de décès ou d'incapacité permanente totale de celui-ci dans la mesure où, au lieu de s'en prendre aux biens ou aux décomptes finaux du *de cujus*, le créancier, en l'occurrence la banque, recouvre le solde restant dû auprès de l'assureur du débiteur.

Ici, cette assurance-vie, souscrite uniquement en cas de décès ou d'incapacité permanente du souscripteur, ne couvre pas son insolvabilité au cas où ce dernier demeure vivant.

Pour prévenir l'insolvabilité dont le débiteur pourrait être frappé de son vivant, le créancier devra exiger de son client une garantie hypothécaire, l'assurance-vie ne pourra intervenir qu'en cas de décès pour éviter de dépouiller les héritiers.

2) L'auteur de la désignation

La désignation du bénéficiaire est le fait du souscripteur par le biais d'un acte unilatéral de volonté. De ce fait, le souscripteur est seul habilité à désigner un bénéficiaire, même si l'assurance n'est pas contractée sur sa propre tête. C'est un droit exclusivement attaché à la personne du souscripteur. Il ne peut être exercé ni par ses créanciers, ni par ses héritiers potentiels. Cette règle a été admise, très tôt, par la jurisprudence française[1].

Ainsi, il est admis que, depuis le XIXe siècle, la jurisprudence a dégagé de l'article 1121 du C. civ. le principe selon lequel un droit propre et personnel est ainsi donné au stipulant. Ce droit personnel signifie que nulle atteinte ne peut être portée, de quelque manière que ce soit et par qui que ce soit, y compris en arguant d'un prétendu accord contractuel[2].

Le droit propre de l'assuré, stipulant, ne saurait être altéré par celui qui n'est que le promettant dans cette opération, l'assureur, et qui doit se conformer aux injonctions – car tel est le terme qui convient – que lui donne ce même stipulant[3].

Cette règle trouve aujourd'hui, en France et au Maroc, un appui légal dans les articles L. 132-9 du CAF et 256 du CAC qui visent le droit de la révocation 382. Or, ce qui est vrai pour la révocation doit l'être pour la désignation[4].

3) Conditions de validités de désignation

Deux conditions sont nécessaires pour la validité de la stipulation : la conformité de la désignation à l'ordre public et l'existence du bénéficiaire.

[1] M. PICARD et A. BESSON, *idem*, p. 148.

[2] V. Nicolas, « Date de prise en compte de la manifestation de la volonté de l'assuré en cas de modification de la désignation bénéficiaire », *La Semaine Juridique Notariale et Immobilière* n° 2, 11 janvier 2008, p. 149.

[3] V. Nicolas, *op. cit.*, p. 149.

[4] L. MAYAUX, in *Les assurances de personnes*, n° 284, p. 149.

a) L'accord de l'assuré lorsque l'assurance est souscrite sur la tête d'un tiers

Rappelons à ce niveau que lorsque l'assurance repose sur la tête d'un tiers, les législations française et congolaise exigent, pour la désignation ou la substitution du bénéficiaire et sous peine de nullité, l'accord de l'assuré[1].

Le texte étant d'ordre public et le tiers ne peut pas donner à l'avance un consentement général. L'accord du tiers assuré doit être donné à chaque nouvelle désignation.

Le consentement de l'assuré est, à peine de nullité, donné par écrit, pour toute cession ou constitution de gage et pour tout transfert du bénéfice du contrat souscrit sur sa tête par un tiers[2].

b) L'existence du bénéficiaire

Aux termes des articles L. 132-9 du CAF et 256 du CAC, « l'attribution à titre gratuit du bénéfice d'une assurance à une personne déterminée est présumée faite sous la condition de l'existence du bénéficiaire à l'époque de l'exigibilité du capital ou de la rente garantis, à moins que le contraire ne résulte des termes de la stipulation ».

Ainsi, en principe, l'attribution à titre gratuit est faite sous la condition de survie du bénéficiaire. Si le bénéficiaire prédécède, sauf stipulation expresse, le capital doit être partagé entre les seuls descendants vivants au jour du décès de l'assuré, ce que confirme la Cour de cassation française lorsqu'elle déclare qu'« en l'absence de toute clause de représentation, les héritiers du bénéficiaire prédécédé ne viennent pas en concours avec les bénéficiaires survivants »[3].

---

[1] Art. 245 al. 1 du CAC.

[2] Art. 245 al. 2 du CAC.

[3] Cass. 2e civ., 22 septembre 2005, JurisData n° 2005-029893 ; Resp. civ. et assur. 2005, comm. 364 ; Cass. 2e civ., 13 juin 2013, n° 12-

Dans le cas des décès simultanés de l'assuré et du bénéficiaire, le capital garanti fait partie de la succession du souscripteur d'un contrat d'assurance-vie[1].

En cas de litige portant sur l'interprétation de la clause bénéficiaire, les juges doivent rechercher les intentions réelles du souscripteur. C'est ce que la seconde Chambre de la Cour de cassation française a retenu dans son arrêt du 10 avril 2008 lorsqu'elle considère qu'« il ressort de l'article L. 132-9 du Code des assurances que l'attribution d'un contrat d'assurance-vie à une personne déterminée suppose l'existence de celle-ci au jour de l'exigibilité, à moins que le contraire ne résulte des termes de la stipulation ; que le souscripteur qui désire que le bénéfice de son contrat soit attribué à ses petits-enfants par représentation doit le stipuler de manière expresse »[2].

La Cour a également admis, par une appréciation souveraine de la volonté du souscripteur, et après avoir relevé que le testament énonce que le défunt déclare léguer le capital du contrat d'assurance-vie à l'une de ses filles et aux deux enfants de celle-ci, que le souscripteur avait entendu inclure ce capital dans sa succession et en gratifier les bénéficiaires désignés.

S'agissant du cas du décès du bénéficiaire après le stipulant, le bénéfice d'une stipulation pour autrui est transmis, sauf manifestation contraire de volonté du souscripteur, aux héritiers du bénéficiaire désigné lorsque celui-ci vient à décéder après le stipulant[3].

20.518, inédit, *Revue Actuassurance*, n° 32, septembre-octobre 2013, obs., M. ROBINEAU, disponible sur : actuassurance.free.fr

[1] Cass. 2e civ., 10 avril 2008, n° de pourvoi 07-12992, RDBF n° 5, septembre 2011, comm. 170, Resp. civ. et assur. 2008, n° 1, 2009.

[2] *Ibid.*

[3] P. PIERRE, « Bénéficiaire d'une assurance sur la vie décédé avant d'avoir pu accepter de son vivant. Une jurisprudence éclatée ? », Resp. civ. et assur. n° 2.

Pour les attributions faites à titre onéreux, la condition de survie du bénéficiaire ne joue pas, puisque l'assurance est alors destinée à l'acquittement ou à la garantie d'une dette et que l'existence du bénéficiaire ne saurait être prise en considération[1]. Si le créancier prédécède, l'assurance profite à ses héritiers.

4) Du droit propre au bénéficiaire

Les droits français et marocain relatifs au contrat d'assurance n'ont fait que consacrer ces solutions[2]. Ainsi, aux termes des articles L. 132-12 du CAF et 258 al. 1 du CAC « le capital ou la rente stipulés payables lors du décès de l'assuré à un bénéficiaire déterminé ou à ses héritiers ne font pas partie de la succession de l'assuré. Le bénéficiaire, quelles que soient la forme et la date de sa désignation, est réputé y avoir eu seul droit à partir du jour du contrat, même si son acceptation est postérieure à la mort de l'assuré ».

Le capital ou la rente garantis au profit d'un bénéficiaire déterminé ne sont soumis ni aux règles du rapport à succession, ni à celles de la réduction pour atteinte à la réserve des héritiers du contractant. Ces règles ne s'appliquent pas non plus aux sommes versées par le contractant à titre de primes, à moins que celles-ci n'aient été manifestement exagérées eu égard à ses facultés[3].

---

[1] M. PICARD et A. BESSON, *op. cit.*, p. 152.

[2] La consécration a été faite, en France, par l'article 67 de la loi du 13 juillet de 1930 sur le contrat d'assurance.

[3] Art. 258 al. 2 du CAC.

a) De l'acceptation du bénéficiaire

La stipulation en vertu de laquelle le bénéfice de l'assurance est attribué à un bénéficiaire déterminé devient irrévocable par l'acceptation expresse de ce dernier[1].

Tant que l'acceptation n'a pas lieu, le droit de révoquer cette stipulation n'appartient qu'au stipulant, et ne peut en conséquence être exercé de son vivant par ses créanciers ni par ses représentants légaux[2].

Ce droit de révocation ne peut être exercé, après la mort du stipulant, par ses héritiers, qu'après l'exigibilité de la somme assurée et au plus tôt trois mois après que le bénéficiaire de l'assurance a été mis en demeure par acte extrajudiciaire, d'avoir à déclarer qu'il accepte[3].

L'attribution à titre gratuit du bénéfice d'une assurance sur la vie à une personne déterminée est présumée faite sous la condition de l'existence du bénéficiaire à l'époque de l'exigibilité du capital ou de la rente garantis, à moins que le contraire ne résulte des termes de la stipulation[4].

Le bénéficiaire, quoique non partie au contrat d'assurance, dispose d'un droit personnel contre l'assureur. Pour expliquer ce droit, doctrine et jurisprudence, après avoir fait appel à la théorie de l'offre et celle de la gestion d'affaires qui se révélaient imparfaites, invoquèrent la notion de stipulation d'autrui qui fut, à cette occasion, dégagée, développée et précisée[5]. Le tiers est considéré comme créancier direct de l'assureur depuis le jour même où la police est souscrite et, sous réserve de révocation antérieure par le stipulant, son droit propre est consolidé par son acceptation.

---

[1] Art. 256 al. 1 du CAC.
[2] Art. 256 al. 2 du CAC.
[3] Art. 256 al. 3 du CAC.
[4] Art. 256 al. 4 du CAC.
[5] M. PICARD et A. BESSON, *Les assurances terrestres en droit français, tome I, le contrat d'assurance*, LGDJ, 1964, p. 147.

Après avoir posé les premières bases de ce système dans son arrêt du 2 juillet 1884, c'est par les six arrêts célèbres de 1888 que la Cour de cassation française précisa sa théorie par une interprétation libérale de l'article 1121 du C. civ. : « Le bénéficiaire, du seul fait de sa désignation, acquiert, sous réserve d'une révocation faite par le stipulant avant sa propre acceptation, immédiatement et directement un droit propre contre l'assureur »[1].

Dans le cas d'une désignation à titre onéreux, l'acceptation du bénéfice de l'assurance est dépourvue de tout caractère personnel[2]. En cas de non-acceptation par le bénéficiaire, le créancier ou ses héritiers peuvent accepter en lieu et place, car l'attribution présente alors un caractère patrimonial, exclusif de toutes les considérations[3].

Dans l'hypothèse d'une désignation à titre gratuit et en particulier lorsque l'assurance réalise une donation, l'acceptation présente un caractère personnel et, partant, ne peut être donnée que par le bénéficiaire lui-même. Mais, quand l'assurance réalise une libéralité, l'acceptation peut émaner d'un créancier du bénéficiaire, de ses héritiers ou d'un représentant légal[4].

b) Les conditions de validités d'une acceptation

Il y a lieu de noter une différence substantielle entre le droit congolais et le droit français, en matière de prescription des conditions de validité de l'acceptation.

---

[1] L'article 1121, Code civil français.
[2] L. MAYAUX, in *Les assurances de personnes*, n° 314, p. 153.
[3] M. PICARD et A. BESSON, cité par ELHABBOULI HICHAM, *op. cit.*, p. 153.
[4] L. MAYAUX., *op. cit.*, p. 153.

En droit français

La loi n° 2007-1775 du 17 décembre 2007, qui a modifié de manière importante l'état de l'article L. 132-9 du CAF, distingue deux périodes :

– Pendant la vie de l'assuré et du stipulant : l'acceptation du bénéficiaire est subordonnée à un accord du stipulant. Elle doit prendre la forme d'un avenant signé par l'assureur, le stipulant et le bénéficiaire. Elle peut également prendre la forme d'un acte authentique ou sous-seing privé signé du stipulant et du bénéficiaire, l'effet de cet acte ne peut se produire à l'égard de l'assureur qu'avec une notification par écrit dudit acte.

La loi ajoute une condition de délai lorsque la désignation du bénéficiaire est faite à titre gratuit : elle ne peut intervenir qu'après trente jours au moins à compter du moment où le stipulant est informé que le contrat d'assurance est conclu. L'acceptation est efficace vis-à-vis du souscripteur, dès son émission, peu importe la date de réception du courrier d'acceptation[1].

– Après le décès de l'assuré ou du stipulant : l'acceptation est libre. La volonté du bénéficiaire suffit. Elle peut être expresse (par signature de la police ou de l'avenant de désignation, ou par l'envoi d'une lettre à l'assureur), ou même seulement tacite (celle qui résulte d'un acte positif dépourvu d'ambiguïté)[2].

En droit congolais

Le législateur congolais adopte toujours l'ancienne position du législateur français du 17 décembre 2007. Ainsi, en vertu des dispositions de l'article 256 du CAC, l'acceptation peut être expresse ou tacite, ce qui signifie

---

[1] Cass. 2e civ., 22 novembre 2012, n° 11-26109, EDAS, 15 janvier 2013, n° 1.

[2] Y. LAMBERT-FAIVRE et L. LEVENEUR, *op. cit.*, p. 830.

qu'aucune forme particulière n'est requise. L'acceptation expresse du bénéficiaire peut intervenir par diverses formes : police, avenant ou simple lettre adressée à l'assureur.

c) Effets de l'acceptation

En acceptant, le bénéficiaire ne fait que prendre possession d'un droit déjà acquis ; il déclare en vouloir profiter. Et cette déclaration a pour effet, même rétroactivement, le droit du bénéficiaire, mais de consolider ce droit préexistant[1].

Mais la question se pose de savoir si l'acceptation du bénéficiaire interdit au souscripteur d'effectuer des opérations sur le contrat telles que le rachat, l'avance sur police.

Après un long débat doctrinal et jurisprudentiel, le législateur français a apporté une réponse claire à la question, par le biais de la loi du 17 décembre 2007 précitée. Ainsi, l'article L. 132-9 al. 1er in fine du CAF précise que « pendant la durée du contrat, après acceptation du bénéficiaire, le stipulant ne peut exercer sa faculté de rachat et l'entreprise d'assurance ne peut lui consentir d'avance sans l'accord du bénéficiaire ».

La conclusion du contrat d'irrévocabilité entre le souscripteur et le bénéficiaire (et avec l'assureur, lorsque le contrat est conclu par voie d'avenant) rend impossibles le rachat et l'octroi d'une avance, sauf accord du bénéficiaire[2]. C'est la confirmation de la thèse majoritaire suivant laquelle l'acceptation rend irrévocable le droit du bénéficiaire. Reste que ce dernier peut consentir au rachat ou à l'octroi d'une avance.

---

[1] M. PICARD et A. BESSON, *op. cit.*, p. 154.

[2] C. GRIMALDI, « L'acceptation de l'acceptation » d'un contrat d'assurance-vie, Defrénois, 15 septembre 2008, n° 15, p. 1645.

d) La révocation de la désignation

La révocation, comme la désignation, est un droit personnel du souscripteur. Elle ne peut être exercée ni par les créanciers, ni par les représentants légaux du souscripteur[1].

e) La révocation avant l'acceptation

Tant que le bénéficiaire n'a pas accepté, le souscripteur a la faculté de révoquer l'attribution et de disposer du bénéfice du contrat en faveur d'une autre personne. Ce droit est formellement consacré par les articles L. 132-8 du CAF et 255 du CAC, qui disposent qu'« en l'absence de désignation d'un bénéficiaire dans la police ou à défaut d'acceptation par le bénéficiaire, le contractant a le droit de désigner un bénéficiaire ou de substituer un bénéficiaire à un autre ».

L'exercice de ce droit n'est soumis à aucune forme spéciale. Il suffit que la volonté exprimée par le stipulant soit dénuée d'équivoque[2]. Il peut modifier, à n'importe quel moment, le nom du bénéficiaire dès lors que sa volonté est exprimée d'une manière certaine et non équivoque.

Tel n'est pas le cas lorsque le stipulant s'est contenté d'exprimer verbalement son désir de changer de bénéficiaire, ce qui, faute d'écrit et en l'absence d'urgence, peut être interprété comme une volonté de se donner un temps de réflexion[3].

Aussi, il a été jugé que la personne ayant souscrit l'assurance-vie peut donc valablement révoquer la personne qu'elle avait préalablement désignée comme bénéficiaire, en apposant sur le contrat la mention manus-

---

[1] Art. L. 132-9 du CAF et 256 du CAC.

[2] G. COURTIEU, *op. cit.*, p. 15-20.

[3] Cass. 1re civ., 19 mai 1999, RGDA 1999.675.

crite « À mon futur époux après modification », signée et non datée. L'absence de date n'a aucune influence sur la validité de la substitution, et l'assureur, même non informé de cette substitution, doit être vigilant lors du versement des prestations dues en vertu du contrat d'assurance-vie[1].

Les héritiers du stipulant disposent, quant à eux, d'un droit spécial de mise en demeure enjoignant au bénéficiaire de se déterminer à bref délai. En effet, selon l'article 256 al. 3 : « Ce droit de révocation ne peut être exercé, après la mort du stipulant, par ses héritiers, qu'après l'exigibilité de la somme assurée et au plus tôt trois mois après que le bénéficiaire a été mis en demeure par acte extrajudiciaire, d'avoir à déclarer s'il accepte ».

En réalité, en dépit de l'expression légale, il ne s'agit pas ici d'un droit de révocation : les héritiers ont simplement le pouvoir d'obliger le bénéficiaire à prendre parti, son silence durant les trois mois consécutifs à la mise en demeure est considéré comme un refus et, du fait de cette non-acceptation, le bénéfice de l'assurance revient aux héritiers du stipulant, à défaut de bénéficiaire subsidiaire[2].

En cas de révocation pure et simple sans désignation d'une autre personne, le contrat est considéré comme étant sans bénéficiaire et la prestation assurée revient à la succession du stipulant assuré. Lorsqu'il existe un bénéficiaire de second rang (désigné à l'origine à titre subsidiaire), il se substitue d'office au bénéficiaire révoqué[3].

f) Révocation après l'acceptation

La seule hypothèse où les articles L. 132-24 du CAF et 253 du CAC permettent une révocation d'office de la dé-

---

[1] CA Aix-en-Provence, 15e ch. B, 24 septembre 2009, JurisData n° 2009-018890, *La Semaine Juridique*, *Édition Générale* n° 9, 1er mars 2010, 242.

[2] M. PICARD et A. BESSON, *op. cit.*, p. 156.

[3] M. PICARD et A. BESSON, *idem*, p. 156.

signation du bénéficiaire après acceptation est le cas où ce dernier est condamné comme auteur ou complice du meurtre de l'assuré.

En cas de tentative de meurtre de l'assuré par le bénéficiaire, le contractant a le droit de révoquer l'attribution du bénéficiaire de l'assurance, même si ce dernier avait déjà accepté la stipulation à son profit[1].

5) La détermination du bénéficiaire

La détermination du bénéficiaire ne suscite pas de difficultés quand celui-ci est désigné de manière nominative[2]. Dans ce cas, le bénéficiaire est désigné par son nom ou plus exactement par une série d'indications nominatives permettant de déceler avec certitude sa personnalité et son identité[3].

Quand le bénéficiaire n'est pas déterminé, il peut être déterminable, ce qui est le cas lorsqu'il est désigné par l'énoncé de la qualité. Ce mode de désignation est admis par les articles L. 132-8 du CAF et 255 du CAC. Mais

---

[1] Art. 253 al. 3 du CAC.

[2] Les dispositions des articles L. 132-8 du CAF et 255 du CAC admettent tous les deux le principe de la désignation du bénéficiaire par l'énoncé de la qualité, mais utilisent des rédactions différentes. Ainsi l'art. L. 132-8 du CAF utilise la rédaction suivante : « Est considérée comme faite au profit de bénéficiaires déterminés la stipulation par laquelle le bénéfice de l'assurance est attribué à une ou plusieurs personnes qui, sans être nommément désignées, sont suffisamment définies dans cette stipulation pour pouvoir être identifiées au moment de l'exigibilité du capital ou de la rente garantis ». Et l'art. 255 du CAC utilise la formule suivante : « Est considérée comme faite au profit de bénéficiaires déterminés la stipulation par laquelle le contractant attribue le bénéfice de l'assurance, soit à son conjoint sans indication de nom, soit à ses enfants et descendants nés ou à naître, soit à ses héritiers, sans qu'il soit nécessaire d'inscrire leurs noms dans le contrat ou dans tout autre acte ultérieur contenant attribution du capital ou de la rente assurés ».

[3] ELHABBOULI HICHAM, *op. cit.*, p. 150.

cette détermination indirecte est susceptible de soulever des discussions, qu'il appartient aux juges du fond de résoudre souverainement, en recherchant la volonté du stipulant et en appréciant si les qualités indiquées permettant une détermination suffisamment précise des bénéficiaires[1].

Afin de pallier certaines difficultés, les articles L. 132-8 du CAF et 255 du CAC édictent des règles supplétives ou des normes d'interprétation. Ainsi, est notamment considérée comme remplissant cette condition la désignation comme bénéficiaires les enfants nés ou à naître du contractant, de l'assuré ou de toute autre personne désignée, les héritiers ou ayants droit de l'assuré ou d'un bénéficiaire prédécédé et le conjoint du souscripteur.

Le législateur congolais quant à lui ne semble pas encore préoccupé par la question, et laisse planer le doute sur les droits du souscripteur sur la provision mathématique, après l'acceptation de l'attribution bénéficiaire.

2. Droits du souscripteur relatifs à la provision mathématique

Les provisions mathématiques[2] sont la propriété, non pas des assurés mais de l'assureur. Elles représentent pour

---

[1] M. PICARD et A. BESSON, cité par ELHABBOULI HICHAM, p. 150.

[2] Réserves que les assureurs sont tenus de constituer pour respecter leurs engagements envers les souscripteurs de contrats d'assurance-vie, de capitalisation et de rentes. Ces provisions sont calculées de sorte que, une fois ajoutées aux primes et aux revenus de placement, l'assureur détienne les fonds nécessaires pour effectuer le paiement à l'échéance des prestations payables ainsi que des frais s'y rapportant et faire face aux résultats défavorables (Baudouin KABISI, *op. cit.*, 206). Cependant, l'art. 357 dispose que « les provisions techniques correspondant aux opérations d'assurance sur la vie et de capitalisation sont les suivantes : 1. Provision mathématique : différence entre les valeurs actuelles des engagements respectivement

l'assureur une dette, qui à ce titre figure au passif de son bilan, et sont représentées à l'actif par des placements réglementés. Le souscripteur possède un droit de créance sur ces provisions, droit garanti par un privilège général sur l'actif de l'entreprise d'assurance[1].

Le souscripteur peut faire valoir son droit de créance sur la provision mathématique de son contrat selon trois modalités : le rachat, l'avance ou la mise en gage[2].

a) Le rachat

Le rachat est défini par l'article 3 point 50 du CAC comme étant un « versement anticipé à l'assuré d'un pourcentage de l'épargne constituée au titre d'un contrat d'assurance sur la vie. Le rachat de la totalité de l'épargne met fin au contrat ».

Domaines et conditions du rachat

L'opération ne peut concerner que les contrats disposant d'une provision mathématique. Les articles L. 132-23 du CAF et 265 du CAC précisent que les contrats d'assurance temporaires en cas de décès, les rentes viagères immédiates ou en cours de service, les assurances de capitaux de survie et de rente de survie, les assurances en cas de vie sans contre-assurance et les rentes viagères différées sans contre-assurance ne peuvent comporter de rachat.

---

pris par l'assureur et par les assurés ; 2. Provision pour participation aux excédents : montant des participations aux bénéfices attribués aux bénéficiaires de contrats lorsque ces bénéfices ne sont pas payables immédiatement après la liquidation de l'exercice qui les a produits ; 3. Toutes autres provisions techniques qui peuvent être fixées par l'autorité de régulation et de contrôle des assurances ».

[1] Art. L. 327-2 du CAF et art. 351 du CAC.

[2] ELHABBOULI HICHAM, *op. cit.*, p. 157.

Ces contrats présentent en effet la caractéristique de prévoir que la rente ou le capital ne seront versés que si le bénéficiaire ou l'assuré est vivant à une date déterminée. Ces assurances sont dites « conditionnelles », en ce que l'assuré n'est pas certain que le capital stipulé serait payé, aboutirait à une anti-sélection dangereuse ; les assurés, qui estimeraient diminuées les chances de réalisation du risque, peuvent être poussés à racheter le contrat pour sauver une partie des primes payées, de sorte que l'assureur ne conserverait en définitive que les mauvais risques[1].

Les assurances qui peuvent faire l'objet d'un rachat sont dès lors les suivantes : les assurances-vie entières, les assurances en cas de vie avec contre-assurance, les assurances « mixtes », les assurances à terme fixe.

Concernant les conditions de la mise en œuvre du droit de rachat, et depuis l'entrée en vigueur, en France, de la loi n° 2007-1775 du 17 décembre 2007, l'assureur ne peut plus refuser le rachat, quel que soit le montant des primes déjà payées. Auparavant, l'assureur refuserait le rachat si 15 % des primes prévues au contrat n'avaient pas été versées ou si deux primes annuelles au moins n'avaient pas été payées.

En RDC, les conditions de la mise en œuvre de la valeur de rachat sont déterminées par un règlement général mentionné par le contrat et établi par l'assureur après accord de l'ARCA. Dès la signature du contrat, l'assureur informe le contractant que ce règlement général est tenu à sa disposition sur sa demande[2].

---

[1] M. PICARD et A. BESSON, *op. cit.*, n° 495 cité par ELHABBOULI HICHAM, *idem*, p. 158.
[2] Art. 262 al. 2 du CAC.

L'exercice du rachat

Seul le souscripteur peut demander le rachat du contrat. La faculté de rachat d'un contrat d'assurance-vie est un droit personnel du souscripteur qui ne peut être exercé par son mandataire qu'en vertu d'un mandat spécial, prévoyant expressément cette faculté[1]. Il en résulte que ni le bénéficiaire acceptant, ni les héritiers ou encore les créanciers du souscripteur ne peuvent demander le rachat. Il est même admis que tant que le contrat n'est pas dénoué, nul créancier du souscripteur n'est en droit de se faire attribuer ce que ce dernier ne peut recevoir[2].

Lorsque le droit de rachat du souscripteur est prévu dans un contrat d'assurance-vie mixte, le bénéficiaire qui a accepté sa désignation n'est pas fondé à s'opposer à la demande de rachat du contrat en l'absence de renonciation expresse du souscripteur à son droit.

Dès l'instant où les conditions légales sont remplies, l'assureur ne peut pas refuser la demande de rachat qui lui est faite par le souscripteur. L'article L. 132-21 du CAF impose à l'assureur le versement de la valeur de rachat au souscripteur et l'article L. 132-23 interdit à l'assureur le refus du rachat.

En RDC, l'article 262 du CAC précise que sur la demande du contractant, le rachat du capital ou de la rente garantis devient obligatoire et l'assureur ne peut s'opposer.

Calcul et délai de versement de la valeur de rachat

En France, la valeur de rachat est égale à la provision mathématique du contrat, diminuée éventuellement d'une

---

[1] Cass. 2e Ch. civ. 5 juin 2008, pourvoi n° 07-14077, RGDA, 1er octobre 2008 n° 2008-4, p. 1013.

[2] Cass. 2e civ., 10 février 2011, n° 10-12.172, JurisData n° 2011-001421.

pénalité de rachat. Cette pénalité ne peut dépasser 5 % de la provision mathématique au cours des 10 premières années suivant la prise d'effet du contrat[1].

Toutefois, la valeur de rachat ou de transfert ne peut être inférieure de plus de 5 % à la valeur de rachat ou de transfert qui serait calculée sans que la provision mathématique ne tienne compte des chargements d'acquisition dudit contrat contenus dans les primes devant être versées par le souscripteur[2].

Concernant le délai de traitement de la demande de rachat présenté par le contractant, l'article L. 132-21 du CAF fixe le délai à deux mois maximum. Au-delà de ce délai, les sommes non versées produisent de plein droit intérêt au taux légal majoré de moitié durant deux mois, puis, à l'expiration du délai de deux mois, au double du taux légal.

En RDC, il importe de rappeler que les conditions de rachat sont fixées par le règlement général mentionné par le contrat et établi par l'assureur après l'accord de l'ARCA[3], la valeur de rachat est égale à la provision mathématique du contrat, diminuée éventuellement d'une indemnité qui ne peut dépasser 5 % de cette provision mathématique. Cette indemnité doit être nulle à l'issue d'une période de dix ans à compter de la date d'effet du contrat[4].

Effets du rachat

Le rachat met fin définitivement au contrat et libère les parties de leurs engagements réciproques dès la demande de rachat[5]. Le rachat partiel quant à lui ne met pas fin au

[1] Art. L. 331.2 et R. 331-5 du CAF.
[2] Art. L. 132-22-2 du CAF.
[3] Art. 262 al. 2 du CAC.
[4] Art. 262 al. 1 du CAC.
[5] J. BIGOT, *Les assurances de personnes*, *op. cit.*, p. 153-158.

contrat mais ampute le montant de la provision mathématique[1].

b) Avance sur police

L'avance est définie par l'article 3 point 13 CAC comme étant « un prêt, accordé par l'assureur au souscripteur, garanti par le montant de la provision mathématique du contrat d'assurances sur la vie ».

L'assurance-vie devient ainsi un instrument de crédit qui utilise la provision comme un compte courant[2].

Selon les articles L. 132-21 du CAF et 262 al. 3 du CAC, l'assureur peut consentir des avances au contractant dans la limite de la valeur de rachat.

En droit français, le Code des assurances ne précise ni la nature de l'avance, ni son régime juridique. Cette ambiguïté a suscité une controverse doctrinale et jurisprudentielle notamment quant à la question de savoir si l'assureur est en droit de percevoir des intérêts, et d'imputer le montant de l'avance et des intérêts sur la valeur de rachat ou le capital dû à l'échéance[3].

Après avoir adopté plusieurs positions, la Cour de cassation a fini par voir l'avance comme « une mise à disposition des fonds investis moyennant le versement d'un intérêt et un prêt à intérêts au sens de l'article 1905 du Code civil français »[4].

L'avance constituant un prêt à intérêts, se posent les questions du montant maximal de l'avance, la durée de l'avance et du taux d'intérêt à appliquer au prêt.

S'agissant de la durée, le Groupement précité recommande de ne pas excéder trois années, mais

---

[1] J. BIGOT, *idem*, p. 153-158.
[2] Y. LAMBERT-FAIVRE et L. LEVENEUR, *op. cit.*, p. 815.
[3] Y. LAMBERT-FAIVRE et L. LEVENEUR, *idem*, p. 815.
[4] J. BIGOT, *op. cit.*, p. 154-158.

reconductibles. Il peut être convenu que l'avance ne sera remboursée qu'à l'échéance du contrat.

Concernant le taux d'intérêt à appliquer à l'avance, le Groupement des assurances de personnes recommande que ce taux ne soit pas inférieur au taux moyen des emprunts de l'État, majoré de frais de gestion et d'une rémunération de l'assureur.

Selon la jurisprudence, le taux doit être fixé par écrit, conformément aux règles du prêt à intérêts. La Cour de cassation estime que si l'assureur s'était réservé le pouvoir de fixer et de faire varier unilatéralement le taux d'intérêt des avances, qui n'était ni déterminé ni déterminable lors de la souscription, la clause relative à la fixation de ce taux d'intérêt était nulle[1].

En RDC à l'instar du rachat, les conditions de l'avance sont déterminées par le règlement général mentionné par le contrat et établi par l'assureur et approuvé par l'ARCA.

Soulignons enfin que l'avance n'entraîne aucune modification des obligations contractuelles des parties. Si le remboursement de l'avance intervient avant l'échéance du contrat, l'assureur doit verser les capitaux convenus au contrat[2].

Dans le cas où l'avance majorée des intérêts remboursables avant l'échéance du contrat n'a pas été remboursée à son échéance, l'assureur sera en droit de faire jouer la clause de rachat d'office du contrat.

c) Cession du contrat

La cession du contrat peut prendre la forme de diverses techniques : la cession du contrat en nantissement ou la cession de la propriété du contrat.

---

[1] Cass. 2e Ch. civ., 13 septembre 2012, pourvoi n° 11-19408, RGDA n° 2013-01, p. 143, note J. BIGOT, *op. cit.*, p. 162.

[2] J. BIGOT, *op. cit.*, p. 155-158.

1) Cession en nantissement

Le nantissement[1] est une sûreté conventionnelle. Le nantissement d'une chose mobilière s'appelle un « gage » : c'est ainsi que s'exprime l'article 2072 du Code civil. Le nantissement est donc l'appellation générale que l'on donne aux sûretés portant sur des biens mobiliers[2].

Le mot « nantissement » est plus communément utilisé par les praticiens pour désigner les sûretés portant sur les fonds de commerce. Le propriétaire, qui a consenti un nantissement sur son fonds de commerce, conserve le droit de continuer à gérer son entreprise. Il est seulement empêché de le vendre ou d'en faire l'apport en société sans l'accord du créancier[3].

En droit français

Le nantissement du contrat d'assurance-vie a fait l'objet de profondes transformations, sous l'effet de l'ordonnance n° 2006-346 du 23 mars 2006[4] et de la loi n° 2007-1775 du 17 décembre 2007[5]. Ces transformations ont adapté progressivement cette sûreté aux exigences de la pratique bancaire, lui conférant une utilité incontestable, et la faisant primer sur les autres techniques de garantie.

Le nantissement de la police est prévu par l'article L. 132-10 du CAF qui prescrit que « la police d'assurance

---

[1] Le nantissement est prévu en RDC dans l'acte uniforme portant organisation des sûretés.

[2] https://www.dictionnaire-juridique.com/definition/nantissement.php

[3] https://www.dictionnaire-juridique.com/definition/nantissement.

[4] L'ordonnance n° 2006-346 du 23 mars 2006 portant réforme des sûretés, qui a décidé d'assujettir la mise en gage de la police d'assurance-vie aux règles du nantissement de créance.

[5] La loi n° 2007-1775 du 17 décembre 2007 permettant la recherche des bénéficiaires des contrats d'assurance sur la vie non réclamés et garantissant les droits des assurés, qui a non seulement bouleversé les conditions de l'acceptation du bénéficiaire du vivant de l'assuré, mais aussi précisé ses effets sur le nantissement d'assurance-vie.

peut être donnée en nantissement soit par avenant, soit par acte soumis aux formalités des articles 2355 à 2366 du Code civil ».

Les formalités constitutives du nantissement du contrat d'assurance-vie ont été fortement allégées, le législateur renvoyant pour l'essentiel aux règles du droit commun du nantissement des créances, réformé dans le sens de la souplesse par l'ordonnance du 23 mars 2006[1].

Le nantissement peut être constitué par un avenant au contrat d'assurance signé par le créancier, le souscripteur et l'assureur, soit par un acte écrit désignant les créances garanties et les créances nanties.

L'acte constatant le nantissement doit être signifié à l'assureur pour lui être opposable. Toutefois, les parties demeurent libres et peuvent introduire d'autres formalités, et substituer au formalisme légal un formalisme conventionnel.

Il est à noter que la pratique des établissements de crédit consiste à retenir le procédé de l'avenant de transfert en garantie lorsque le nantissement est constitué par l'assuré souscripteur et à recourir aux formalités des articles 2355 et suivants du Code civil français applicables au nantissement de meubles incorporels seulement lorsque le nantissement est consenti par le bénéficiaire acceptant du contrat[2].

La réforme de l'acceptation par la loi n° 2007-1775 du 17 décembre 2007 a éliminé tout risque de remise en cause de l'efficacité du nantissement en raison d'une manifestation postérieure[3].

---

[1] F. SAUVAGE, « L'adaptation progressive du nantissement d'assurance-vie aux exigences de la pratique bancaire » (après l'ordonnance n° 2006-346 du 23 mars 2006 et la loi n° 2007-1775 du 17 décembre 2007), RDBF n° 1, janvier 2009, dossier 5.

[2] A. CERLES, « Le nantissement d'assurance-vie après la loi du 17 décembre 2007 », RDBF n° 5, 2008, p. 164.

[3] A. CERLES, *op. cit.*, p. 164.

En effet, quand l'acceptation du bénéficiaire est antérieure au nantissement, ce dernier est subordonné à l'accord du bénéficiaire. Toutefois, lorsque l'acceptation du bénéficiaire est postérieure au nantissement, celle-ci est sans effet à l'égard des droits du créancier nanti[1].

La réforme du nantissement a rétabli l'efficacité du nantissement d'assurance-vie, et ce, en simplifiant la situation du créancier. En effet, le nantissement du contrat d'assurance-vie est, depuis l'ordonnance n° 2006-346 du 23 mars 2006, régi par les règles du nantissement de meubles incorporels prévues aux articles 2355 à 2366 du C. civ.

En cas de dénouement du contrat d'assurance-vie apporté en nantissement avant l'échéance de la créance garantie, les droits du créancier se reportent sur la prestation assurée en cas de vie ou en cas de décès, que lui seul a vocation à recueillir dès lors que le nantissement d'assurance-vie lui est opposable[2].

En cas de défaillance du débiteur, après l'échéance mais avant que le contrat d'assurance-vie soit dénoué, le créancier qui a donné son contrat d'assurance-vie en nantissement bénéficie d'une option offerte par l'article 2365 du Code civil[3] :

– s'il est patient, il peut attendre le dénouement de l'assurance, en cas de vie ou en cas de décès, pour réclamer le paiement du capital vie ou du capital décès à l'assureur ;

– s'il est impatient, il peut aussi se faire attribuer les créances que le preneur d'assurance tire de son contrat et tous les droits qui s'y rattachent, dans les conditions stipulées par le juge ou par la convention de nantissement.

---

[1] A. CERLES, *idem*, p. 164.
[2] F. SAUVAGE, *op. cit.*, p. 81.
[3] L'article 2365 du Code civil.

Cette faculté d'attribution permet ainsi au créancier prompt à être désintéressé de provoquer le rachat nonobstant l'acceptation du bénéficiaire. Il faut cependant envisager l'hypothèse où la clause bénéficiaire a été acceptée. Si l'acceptation du bénéficiaire est postérieure à la constitution du nantissement, elle est sans incidence, alors que, si elle lui a été antérieure, le bénéficiaire a nécessairement consenti à ce que le rachat soit exercé en consentant au nantissement.

Toutefois, même après la réforme du droit des sûretés et celle de l'assurance-vie par la loi n° 2007-1775 du 17 décembre 2007, les incertitudes liées au nantissement n'ont pas encore été levées. C'est ainsi que la jurisprudence continue toujours de refuser de conférer au créancier gagiste de disposer du droit de rachat anticipé du contrat[1].

En droit congolais

Le législateur congolais n'a pas prévu cette procédure de nantissement dans le Code des assurances.

2) Cession de la propriété du contrat

Lorsque le contrat dispose d'une provision mathématique, il a une valeur patrimoniale. Le souscripteur peut donc céder le droit de créance qu'il possède à l'égard de l'assureur. La cession volontaire s'opère soit par voie d'avenant, soit dans les formes prévues par le droit commun : signification faite au débiteur ou acceptation faite par le débiteur dans un acte authentique. Mais si le contrat est souscrit sur la tête d'un tiers, le consentement de l'assuré doit, à peine de nullité, être donné par écrit[2].

---

[1] Cass. Com., 26 mars 2008, n° 06-15.003, JurisData n° 2008-043379, RDBF n° 3, 2008, p. 76.

[2] Art. 245 du CAC et art. L. 132-2 du CAF.

La cession du contrat confère au créancier, au cours du contrat, la possibilité d'utiliser à son gré les droits de rachat et de l'avance ou de faire valoir ses droits à l'échéance avec l'accord du bénéficiaire acceptant[1].

Aussi, le nouveau contrat se poursuit aux mêmes conditions que le contrat initial et, à ce titre, le bénéficiaire de la cession étant notamment tenu de payer les primes initialement prévues et l'assureur restant tenu au versement des prestations garanties initialement.

SECTION II. CONDITIONS JURIDIQUES DES PERSONNES CONCERNÉES PAR LE CONTRAT

Le contrat d'assurance-vie fait intervenir un grand nombre d'acteurs. Assureur, souscripteur, bénéficiaires et, derrière eux, créanciers, héritiers ou conjoint : tous ont un intérêt à son exécution.

La multiplicité des acteurs intervenant dans le contrat entraîne l'application d'un grand nombre de règles juridiques issues de divers codes : Code des assurances, Code civil, Code de la famille.

L'application combinée des règles légales applicables conduit à opérer une distinction en matière de droits des personnes concernées par le contrat d'assurance-vie, entre, d'une part, les droits du bénéficiaire acceptant et, d'autre part, les droits des tiers et plus précisément les créanciers, les héritiers et le conjoint.

C. Droit propre du bénéficiaire acceptant

Dès acceptation, le bénéficiaire d'une assurance-vie a droit aux sommes prévues au contrat. Ce droit de bénéfice peut faire l'objet, sous certaines conditions, d'opérations

---

[1] J. BIGOT, *op. cit.*, p. 166.

en cours de contrat telles que la cession ou la mise en gage du bénéfice du contrat au profit d'un tiers[1].

1. Droit du bénéficiaire

Consolidé par l'acceptation, le droit du bénéficiaire est un droit propre et direct, en ce que, d'une part, il lui confère une action personnelle contre l'assureur pour obtenir l'exécution de la stipulation faite à son profit, d'autre part, qu'il naît en sa personne même ce qui lui permet d'échapper en principe à toute réclamation provenant des héritiers et des créanciers du souscripteur, ainsi que de la communauté l'ayant uni à ce dernier[2].

En même temps qu'ils consacrent l'existence d'un droit direct du bénéficiaire contre l'assureur, les articles L. 132-12 du CAF et 258 du CAC le font remonter jusqu'au jour du contrat. Plus exactement, le bénéficiaire est « réputé » en être titulaire dès cette date[3].

En cas d'attribution à titre gratuit, le bénéficiaire devient, à l'encontre de l'assureur, titulaire de la créance résultant du contrat ; en cas de pluralité de bénéficiaires désignés sur le même plan, cette créance se divise entre eux en principe par parts égales, ou s'il s'agit d'héritiers suivant leur vocation successorale[4].

Si l'attribution est faite à titre de garantie, le bénéficiaire a sur l'assurance un droit de gage, ce qui n'exclut nullement le caractère propre de son droit ; il dispose essentiellement, dans la mesure de sa propre créance, d'un droit de préférence.

S'agissant du moment du bénéfice de l'attribution, en principe, le droit de bénéfice s'exerce à l'échéance prévue (décès de l'assuré, terme prévu…). Toutefois, au moment

---

[1] ELHABBOULI HICHAM, *op. cit.*, p. 179.

[2] M. PICARD et A. BESSON, *op. cit.*, p. 15.

[3] L. MAYAUX, in *Les assurances de personnes*, n° 348, p. 40-45.

[4] M. PICARD et A. BESSON, *op. cit.*, p. 181.

de l'exercice de ce droit, l'assureur peut opposer au bénéficiaire du contrat toutes les exceptions opposables au souscripteur notamment les exclusions de garantie, les sanctions encourues en cas de déclaration irrégulière ou en cas de défaut de paiement des primes[1].

2. Droit à la cession du contrat

Après qu'il a accepté son droit, le bénéficiaire peut transmettre à un tiers la créance qu'il détient sur l'assureur.

1) Conditions de la cession

Tenant compte du fait que le stipulant a le plus souvent désigné le bénéficiaire en considération même de sa personne (*intuitu personae*), les législateurs français imposent, sauf si la cessibilité du droit a été expressément prévue dans la police, le consentement du contractant à la cession[2].

Mieux encore, le législateur français, outre le consentement du souscripteur, exige celui de l'assuré. Cette disposition vise à protéger la personne de l'assuré, lorsqu'elle est distincte du souscripteur, contre un *vortum mortis* de la part du nouveau bénéficiaire.

2) Forme de la cession

Le législateur français ne prévoit qu'un seul procédé de transmission, à savoir l'accomplissement des formalités de la cession de créances prévues par l'article 1690 du Code civil français ainsi que la signification de la cession à l'assureur ou qu'il accepte par acte authentique[3].

---

[1] Art. L. 112-1 du CAF et art. 10 du CAC.
[2] Art. L. 132-15 du CAF.
[3] Art. 1600 du Code civil français.

3) Effet de la cession

Si le transfert est régulier, le cessionnaire devient bénéficiaire du contrat et il peut exercer les mêmes droits que ceux du bénéficiaire d'origine. La cession ne sera toutefois opposable à l'assureur que s'il en a eu connaissance[1].

§2. Droits des tiers

Héritiers, créanciers et conjoint constituent le deuxième cercle des personnes intéressées par le contrat d'assurance-vie[2].

Les héritiers, les créanciers et le conjoint concernés sont ceux du souscripteur et lui seul. Quant à ceux du bénéficiaire, ils peuvent prétendre au bénéfice selon les règles du Code civil en droit français et du Code de la famille en droit congolais.

A. Droit du bénéficiaire au regard du droit de la famille

Les personnes intéressées par le contrat d'assurance-vie au regard du droit de la famille sont les héritiers et le conjoint.

1. Droits des héritiers

Le décès de l'assuré provoque le dénouement du contrat et pose la question des droits des héritiers sur l'assurance souscrite par leur auteur. Dès lors, trois hypothèses peuvent se présenter :

– La 1re hypothèse se présente quand le souscripteur a désigné ses héritiers comme bénéficiaires de l'assurance. Dans ce cas, les héritiers recueillent le bénéfice de

---

[1] *Ibid.*

[2] L. MAYAUX, in *Les assurances de personnes*, sous la dir. de J. BIGOT, *op. cit.*, n° 363, *ibid.*

l'assurance pas en leur qualité d'héritiers, mais en tant que bénéficiaires déterminés disposant d'un droit propre que le capital assuré.

Les législateurs français et congolais évoquent clairement cette hypothèse lorsqu'ils précisent dans les articles L. 132-8 du CAF et 255 al. 5 du CAC que « héritiers, ainsi désignés, auront droit au bénéfice de l'assurance en proportion de leurs parts héréditaires ». Et ajoutent : « Conservent ce droit en cas de renonciation à la succession ».

– La 2e hypothèse se présente lorsque le contrat a été souscrit sans désignation d'un bénéficiaire. Les articles L. 132-11 du CAF et 257 du CAC apportent une réponse claire à la question lorsqu'ils précisent que « lorsque l'assurance en cas de décès a été conclue sans désignation d'un bénéficiaire, le capital ou la rente garantis font partie du patrimoine ou de la succession du contractant ».

– La 3e hypothèse est celle d'une désignation d'un bénéficiaire déterminé autre que les héritiers. On a vu que les législateurs français et congolais accordent aux héritiers le droit de révocation de la stipulation, à exercer après la mort du stipulant et après exigibilité de la somme assurée et au plus tard trois mois après que le bénéficiaire a été mis en demeure par acte extrajudiciaire, d'avoir à déclarer s'il accepte[1].

Le refus du bénéficiaire déterminé ou son silence durant les trois mois consécutifs à la mise en demeure a pour effet d'assimiler le contrat comme étant sans bénéficiaire et la prestation assurée revient à la succession du stipulant assuré[2].

En revanche, en cas d'acceptation de la stipulation faite à son profit, le bénéficiaire est réputé y avoir eu seul droit

---

[1] Art. 256 al. 3 du CAC.

[2] ELHABBOULI HICHAM, *op. cit.*, p. 183.

à la prestation assurée, même si son acceptation est postérieure à la mort de l'assuré.

Le risque de conflit entre les héritiers et le bénéficiaire déterminé est prévu par les législateurs français et marocain et qui ont tranché en faveur du bénéficiaire. Ainsi, les articles L. 132-12 du CAF et 258 al. 1 du CAC disposent que « le capital ou la rente stipulés payables lors du décès de l'assuré à un bénéficiaire déterminé ou à ses héritiers ne font pas partie de la succession de l'assuré ».

Mais se posent alors les questions de savoir, si le bénéficiaire déterminé est lui-même héritier, doit-il rapporter à la succession les sommes reçues au titre du bénéfice de l'assurance-vie ? Et les autres héritiers, peuvent-ils demander la réduction des sommes perçues par l'héritier bénéficiaire de l'assurance pour atteinte à la réserve des héritiers du contractant ?

Le droit congolais, et plus précisément le droit successoral, ne prévoit pas d'obligation à la charge d'un héritier donataire ou légataire de rapporter à la succession les sommes qu'il a reçues au titre de la libéralité et ne confère aucune action spécifique aux cohéritiers. C'est la raison pour laquelle le législateur congolais s'est contenté des dispositions de l'article 258 al. 1 du CAC pour affirmer le régime spécial du contrat d'assurance-vie et qui lui permet d'échapper aux règles successorales.

En droit français et en raison des actions spécifiques prévues par le droit successoral et plus exactement les règles du rapport à succession et de la réduction pour atteinte à la réserve des héritiers du contractant, le législateur a jugé utile d'ajouter, en plus de l'article L. 132-12 (art. 258 al. 1 du CAC) précité, une disposition supplémentaire visant à exonérer le bénéficiaire des règles du rapport et de la réduction susvisées.

Ainsi, l'article L. 132-13 du CAF, soit 258 al. 2 du CAC, précise que « le capital ou la rente payables au décès du contractant à un bénéficiaire déterminé ne sont soumis ni aux règles du rapport à succession, ni à celles de la réduction pour atteinte à la réserve des héritiers du contractant. Ces règles ne s'appliquent pas non plus aux sommes versées par le contractant à titre de primes, à moins que celles-ci n'aient été manifestement exagérées eu égard à ses facultés ».

a) Le principe d'exclusion du capital et des primes versées des règles du rapport et de la réduction

L'article L. 132-13 du CAF, soit 258 al. 2 du CAC, pose donc un principe d'exonération du capital payable au bénéficiaire et les primes versées par le souscripteur des règles du rapport et de la réduction précitées, mais fixe aussi une limite au principe d'exclusion de règles successorales susmentionnées en cas de primes manifestement exagérées eu égard aux facultés du souscripteur.

1) L'exclusion des prestations assurées des règles du rapport et de la réduction

La règle de l'exclusion du capital ou de la rente garantis représente certainement l'un des apports majeurs de la jurisprudence élaborée par la Cour de cassation à la fin du XXe siècle dans le domaine de l'assurance-vie. Le législateur français de 1930 s'est contenté de reproduire fidèlement cette règle[1].

Le principe de la non-application des règles du rapport et de la réduction au bénéfice de l'assurance-vie est unanimement admis aujourd'hui. Il résulte d'un raisonnement juridique irréfutable, fondé sur deux principaux arguments[2] :

– Le premier est de considérer que l'assurance-vie ne réalise pas une libéralité, y compris quand le bénéficiaire

[1] Art. 68 de la loi du 13 juillet 1930.
[2] L. MAYAUX, in *Les assurances de personnes*, n° 365, p. 55.

est désigné à titre gratuit. L'idée serait qu'étant souscrite dans un but de prévoyance et non de transmission de patrimoine et d'où la nécessité d'écarter les règles du rapport et de la réduction applicables exclusivement aux libéralités.

– L'autre explication à l'éviction de ces règles est que la donation réalisée par le moyen de l'assurance est indirecte ; elle s'opère par le biais de la stipulation pour autrui. Le bénéficiaire, qui a un droit propre et direct contre l'assureur, n'a jamais figuré dans le patrimoine du souscripteur.

2) L'exclusion des primes des règles du rapport et de la réduction

En décidant que les primes ne sont rapportables ni réductibles, le législateur français fait cette fois une véritable faveur au bénéficiaire. En effet, les primes versées par le souscripteur constituent la libéralité faite indirectement au tiers bénéficiaire, et devraient donc logiquement obéir au régime juridique des donations et subir le rapport et éventuellement la réduction. Le souscripteur s'en est effectivement appauvri au profit du bénéficiaire.

La règle, énoncée au deuxième alinéa de l'article L. 132-13 du CAF, soit 258 al. 2 du CAC, constitue une véritable dérogation au droit commun des successions et le législateur français vise à travers ce régime de faveur à encourager les opérations d'assurance sur la vie, et particulièrement les assurances de prévoyance dont le montant des primes reste raisonnable. Sans cette dérogation, l'assurance-vie n'aurait certainement pas connu l'essor et l'engouement dont elle fait l'objet aujourd'hui.

Mais le régime de faveur instauré par le législateur cesse d'avoir effet en cas de versement par le souscripteur des primes manifestement exagérées eu égard à ses facultés[1].

L'article L. 132-13 du CAF, soit 258 du CAC, fait retomber sous l'empire du rapport et de la réduction les primes manifestement exagérées eu égard aux facultés du souscripteur. L'excès écarte le régime de faveur.

En effet, les dispositions de l'article 68 de la loi du 13 juillet 1930, dont l'article L. 132-13 du CAF est, à quelques mots près, la reprise, ne constituaient pas une rupture avec le droit antérieur, mais au contraire, pour une grande part, sa consécration législative. Or, le principe largement admis avant la loi de 1930 était que la désignation du bénéficiaire, lorsqu'elle était à titre gratuit, réalisait une libéralité indirecte qui devait être rapportée pour son montant à la succession de l'assuré[2].

Si, au XXe siècle, certaines juridictions avaient considéré que le montant à rapporter à la succession était, non les primes payées, mais le capital reçu, il fut rapidement admis en jurisprudence que les primes constituaient la mesure effective du dépouillement du souscripteur, et donc l'objet du rapport. Plus précisément, selon la doctrine majoritaire de l'époque, il ne pouvait y avoir de dépouillement, et donc de libéralité, que si les primes étaient prises sur le capital et non sur les revenus[3].

<u>b) Les critères de l'exagération</u>

La Cour de cassation a fixé par quatre arrêts[4] les éléments de détermination du caractère manifestement

---

[1] L. 132-13 al. 2 du CAF, art. 258 al. 2 du CAC.

[2] M. LEROY, « Assurance-vie : actualité des primes manifestement exagérées », GP, 23 février 2013 n° 54, p. 23.

[3] M. LEROY, *op. cit.*, p. 54.

[4] Cass. ch. mixte, 23 novembre 2004, n°s 01-13592, 02-11352, 02-17507 et 03-13673 (4 arrêts), RTD civ. 2005, p. 434, obs. M. GRIMALDI ; RGDA 2005, p. 110, note L. MAYAUX ; AJ famille,

excessif des primes : « Le caractère manifestement exagéré s'apprécie au moment du versement, au regard de l'âge ainsi que des situations patrimoniale et familiale du souscripteur »[1].

Les critères établis par la Cour de cassation en matière d'appréciation de l'exagération manifeste des primes peuvent être résumés en deux points : le moment de versement et l'utilité du contrat pour le souscripteur. Ce dernier critère est devenu le critère prépondérant, sinon décisif de l'exagération[2].

1) L'exagération s'apprécie au jour du versement des primes

Le caractère des primes s'apprécie donc, non pas au jour de l'ouverture de la succession mais au jour de leur versement, et la nature libérale du versement des primes, résultant de leur caractère manifestement exagéré, est logiquement appréciée au moment où le contractant s'en dessaisit. En conséquence, le montant de l'actif successoral est sans incidence sur la qualification de la prime[3].

La Cour de cassation contrôle le respect de cette règle par les juridictions du fond. Ainsi, la cassation était inévitable pour l'arrêt de la Cour d'appel qui avait apprécié le caractère manifestement exagéré du versement opéré en tenant compte des revenus et des charges du souscripteur

---

2005.70, note, F. BICHERON ; PA, janvier 2005 n° 10, p. 6, note P. GROSJEAN. Les 4 arrêts rendus précités ont mis un terme au débat portant sur la requalification du contrat d'assurance-vie en produit financier, tout en permettant un contrôle de la Haute Cour sur l'utilisation du contrat d'assurance-vie à travers la manière dont les juges d'appel appréhenderaient les critères de la prime exagérée à la situation qui leur serait soumise.

[1] Cass. ch. mixte, 23 novembre 2004, *op. cit.*, p. 434.

[2] M. LEROY, *op. cit.*, p. 54.

[3] Cass. 1re civ., 10 octobre 2012, n° 11-14.018, AJ, décembre 2012, note N. LEVILLIAN.

uniquement pour les années postérieures au versement litigieux[1].

2) Le critère de l'utilité

Le critère de l'utilité sociale est essentiel dans l'appréciation de l'exagération manifeste : il est un instrument de vérification que les primes versées servaient à la constitution d'un placement à long terme, conforme à la nature du contrat d'assurance-vie qui est d'être un instrument de couverture de risques. Plus précisément, la prise en compte de la situation patrimoniale permet d'apprécier, d'un point de vue économique, la possibilité pour le souscripteur, au moment du versement, d'arbitrer son patrimoine au profit de l'assurance-vie, c'est-à-dire d'affecter une part de ses liquidités ou de son capital à un placement à long terme, ce qui signifie que les circonstances démontrent qu'il ne lui était pas nécessaire de mobiliser immédiatement et de façon continue cette épargne pour couvrir les dépenses courantes[2].

Quant aux critères de l'âge et de la situation familiale, ils permettent de vérifier que le souscripteur a été réellement animé de cette intention lors du versement des primes ou, au contraire, qu'il y avait, dans le règlement de ces cotisations, uniquement une stratégie transmissive portant atteinte aux droits des enfants[3].

L'utilité est avant tout économique. Est utile le contrat qui, malgré l'âge du souscripteur (sous réserve qu'il ne soit pas trop avancé), est un bon instrument de gestion du patrimoine de celui-ci, un contrat qui ne répond pas seulement à une finalité transmissive. On est donc en

---

[1] Cass. 1re civ., 5 décembre 2012, n° 11-24659.
[2] M. LEROY, *op. cit.*, p. 55.
[3] M. LEROY, *idem*, p. 55.

présence d'une utilité non pour le bénéficiaire mais pour le souscripteur[1].

L'origine des fonds ayant permis de payer la prime est a priori indifférente pour déterminer si celle-ci est manifestement exagérée au sens de l'article L. 132-13 du CAF. C'est leur emploi qui est essentiel et donc l'utilité de l'opération qui s'apprécie notamment en tenant compte de la situation patrimoniale du souscripteur[2]. Plus précisément, l'appréciation de l'excès ne doit pas tenir compte de la nature de la prime, mais des circonstances entourant chaque versement : origine des fonds (revenu ou capital) et importance de ceux-ci. Et cette importance s'apprécie pour chaque versement, à la date de celui-ci, et non globalement comme c'est le cas pour le calcul de la quotité disponible.

L'appréciation des critères de fait précité relève du pouvoir souverain des juges du fond, ainsi que le rappelle la Haute Cour dans de nombreuses décisions[3].

c) Sanction de l'excès

Quand la prime est manifestement exagérée, les règles du droit des libéralités vont s'appliquer. Il y aura, selon les cas, rapport à la succession ou intégration dans la masse de calcul de la réserve[4].

---

[1] Cass. (1re Ch. civ.) 4 juin 2009, pourvoi n° 08-15050, Cass. (1re Ch. civ.) 17 juin 2009, pourvoi n° 0813620, Cass. 2e Ch. civ. 17 septembre 2009, pourvoi n° 08-17040, RGDA, octobre 2009, n° 2009-04, p. 1227, note L. MAYAUX.

[2] Cass. (2e Ch. civ.) 6 octobre 2011, pourvoi n° 10-30899, RGDA, avril 2012, n° 2012-02, note L. MAYAUX.

[3] Cass. 1re civ., 20 février 2001, Resp. civ. et assur. 2001, comm. 167, note H. GOUTEL ; Cass. 1re civ., 10 octobre 2012, n° 11-14.018, AJ, décembre 2012, note N. LEVILLIAN.

[4] L. MAYAUX, *op. cit.*, n° 373, p. 58.

1) La non-intégration du capital

L'exclusion du capital est une solution parfaitement évidente, qui résulte de la loi. La Cour de cassation ne pouvait donc que censurer l'arrêt de la Cour d'appel qui avait cru devoir réintégrer le montant de la police dans l'actif successoral[1]. De même, c'est une grossière erreur de droit qu'avait commise la Cour d'appel en décidant la réintégration du capital à l'actif successoral, à la place des primes manifestement exagérées, en faisant faussement application des dispositions de l'article 843 du Code civil congolais[2].

Toutefois, le souscripteur peut décider d'inclure dans sa succession le capital assuré, afin de le soumettre aux règles civiles des successions[3]. En revanche, le bénéficiaire ne peut pas être contraint à l'intégration de la valeur de ce capital dans la succession, même en cas d'exagération manifeste[4].

2) Intégration totale ou partielle des primes jugées excessives

La formule utilisée par l'article L. 132-13 du CAF ne permet pas de répondre à la question de savoir en quoi doit porter le rapport ou la réduction. Il appartient donc au juge qui apprécie l'exagération de fixer cette mesure, ce qui évite tout arbitraire[5], quoique la Cour de cassation ait admis dans certaines décisions que l'intégration à la succession concerne la totalité des primes[6].

---

[1] Cass. 1re civ., 19 décembre 2012, n° 11-25505, *op. cit.*, p. 190.

[2] Cass. 1re Ch. civ., 19 décembre 2012, n° 11-25505, RGDA, n° 2013-02, p. 381, note J. BIGOT.

[3] Cass. 1re civ., 10 décembre 2012, n° 11-14018, AJ, décembre 2012, note C. VERNIÈRES.

[4] M. LEROY, *op. cit.*, p. 55.

[5] M. PICARD et A. BESSON, *op. cit.*, n° 520.

[6] Cass. 1re civ., 1er juillet 1997, n° 95-15674, Bull. civ. I, n° 217.

2. Droits du conjoint

La protection du conjoint survivant par l'assurance-vie est un thème classique puisque le développement de ce contrat, au XIXe siècle, tient, pour une part non négligeable, à la volonté des maris de protéger leur femme[1].

Toutefois, la présence du conjoint dans le contrat d'assurance-vie n'est pas sans poser des difficultés d'ordre juridique. Ces difficultés naissent de l'inéluctable interférence des règles issues du droit matrimonial avec celles régissant le contrat d'assurance-vie.

Le législateur congolais, dans le contrat d'assurance-vie, n'a pas consacré dans le Code des assurances des dispositions spécifiques aux droits du conjoint. Le seul cas où le CAC évoque le conjoint est celui où ce dernier est désigné en tant que bénéficiaire et l'on sait à ce niveau que ce sont les règles protectrices des droits du bénéficiaire qui s'appliquent[2].

À l'opposé, en droit français et en raison de la diversité des régimes matrimoniaux, le législateur accorde une attention particulière à la protection du conjoint et plus précisément à celui en régime de communauté de biens.

Ainsi, d'après l'article L. 132-16 du CAF, « le bénéfice de l'assurance contractée par un époux commun en biens en faveur de son conjoint est un propre, et aucune récompense n'est due à la communauté »[3].

Lorsque l'on analyse les rapports entre assurance-vie et communauté, deux questions se rencontrent souvent pendant et après la communauté : quel sort réserver à la prestation assurée, lorsque le dénouement du contrat survient pendant la communauté ? Et quels sont les droits des

---

[1] M. LEROY, « La protection du conjoint survivant par l'assurance-vie », GP, 15 juin 2013, n° 166, p. 11.

[2] Cass. 1re civ., 28 février 2006, pourvoi n° 02-10602, Bull. I, n° 102 ; Defrénois 1991, art. 34930, p. 30, note X. SAVATIER.

[3] L'article L. 132-16 du CAF.

époux en communauté en cas de liquidation de la communauté ?

Il faut ici distinguer le dénouement au bénéfice d'un époux d'un contrat souscrit par lui-même ou son conjoint, du dénouement au bénéfice d'un époux d'un contrat souscrit à son bénéfice par un tiers.

a) Dénouement au bénéfice d'un époux d'un contrat souscrit par lui-même ou son conjoint

Il faut distinguer deux hypothèses :

– L'indemnité versée à un époux au titre d'une assurance décès invalidité : il est admis que constitue un propre par nature l'indemnité perçue en exécution d'une garantie complémentaire en cas d'invalidité de l'un des époux souscripteurs ;

– Le bénéficiaire du contrat est le conjoint du souscripteur : dans ce cas, le capital versé sera propre au conjoint bénéficiaire, sans droit à récompense pour la communauté, et ceci, en application directe des dispositions de l'article L. 132.16 du CAF[1]. Ce dernier ajoute qu'aucune récompense n'est due, sauf le cas de prime manifestement excessive. On retrouve donc le même critère qu'à l'article L. 132-13 du même Code en matière successorale[2]. Curieusement, le contentieux des primes excessives est très nourri en droit des successions, alors qu'il est presque inexistant en droit des régimes matrimoniaux. Ce procédé permet donc de contourner l'immutabilité du régime matrimonial et de transformer en bien propre ce qui était des fonds communs, sans contrôle judiciaire, et sans véritable pouvoir de réaction des enfants du souscripteur[3].

---

[1] L'article L. 132.16 du CAF.

[2] J. CASEY, « Assurance-vie et communauté : aspects pratiques et liquidatifs », GP, 23 janvier 2010, n° 23, p. 11.

[3] L'article L. 132-13 du CAF.

L'un des époux est bénéficiaire mais le souscripteur est tiers à la communauté. Le capital devait entrer dans la communauté, comme y entrent les aliments que reçoivent les époux. Simplement, il faudrait réserver le cas où la désignation de l'époux bénéficiaire aurait procédé d'une intention libérale. La doctrine dominante retient, sans faire de distinctions, la qualification de propre[1].

b) Le sort de la prestation assurée lors de la dissolution de la communauté

Il importe d'opérer une distinction entre la situation de la dissolution de la communauté par le divorce et celle suite au décès du conjoint :

La dissolution de la communauté par le divorce

Deux hypothèses se présentent :

– Contrat souscrit pendant la communauté au bénéfice d'un tiers : dans cette hypothèse, la solution est fixée depuis longtemps déjà par la célèbre jurisprudence Daignant[2] de la Cour de cassation : l'époux souscripteur qui désigne un tiers bénéficiaire s'expose à devoir à la communauté une récompense, même si les primes payées ne sont pas excessives. Cela est parfaitement logique : l'appauvrissement de la communauté s'effectue sans contrepartie pour elle. Son droit à remboursement est évident[3].

---

[1] F. BICHERON, « Droit patrimonial de la famille 2011/2012 », n° 132.72, Dalloz Action, n° éd. 4, juin 2011, p. 19.

[2] Cass. 1re civ., 10 juillet 1996, pourvoi n° 94-18.733, Resp. civ. et assur. 1996, chron. 39, comm. 366, note de G. COURTIEU ; J. BIGOT, « Assurance vie et communauté conjugale, le droit à récompenses des primes », RGDA 1996, p. 693.

[3] J. CASEY, *op. cit.*

La dissolution de la communauté provoquée par le décès du conjoint

Deux situations sont à souligner :

– Le décès du conjoint assuré du contrat : le décès du conjoint-assuré entraîne le dénouement du contrat d'assurance, le conjoint bénéficiaire perçoit alors la prestation assurée. C'est le cas classique prévu par l'article L. 132-16 du CAF. Le traitement fiscal des sommes versées aux bénéficiaires du contrat d'assurance relève du régime fiscal propre de l'assurance-vie. Ce régime fiscal est défini aux articles 757 B et 990 I du CGI[1].

L'apport principal de l'article L. 132-16 du Code des assurances est de priver la communauté, qui a financé le règlement des primes, de tout droit à récompense. En application de ce texte, la communauté appauvrie ne peut pas recevoir de récompense, ni du conjoint bénéficiaire de la garantie, ni de la succession du souscripteur assuré. Les dispositions de l'article 1437 du C. civ. ne s'appliquent pas dans ce cas, ce qui est normal puisque l'assurance-vie, en réalisant une opération de prévoyance, sert l'intérêt commun des époux[2].

Toutefois, le principe de la dispense de la récompense ne joue que dans l'hypothèse où le conjoint est le bénéficiaire effectif de la garantie et dans la mesure des valeurs qu'il reçoit effectivement. Ainsi, la dispense de récompense est écartée dans l'hypothèse où le conjoint de l'assuré lui survit, mais décède avant d'avoir accepté.

Aussi, la dispense de récompense tombe en cas d'exagération manifeste dans le versement de la prime.

– Le prédécès du conjoint bénéficiaire du contrat : en cas de décès du conjoint de l'assuré, le contrat

---

[1] P. VIAULT, « Assurance vie et décès du conjoint : la fin d'une exception fiscale », *Revue française de comptabilité*, n° 440, février 2011.

[2] M. LEROY, *op. cit.*

d'assurance-vie n'est pas dénoué, et partant, ce sont les conséquences de l'arrêt Praslicka du 31 mars 1992 qui s'appliquent. La valeur de rachat constitue, donc, un acquêt de la communauté et l'époux souscripteur devant ainsi une récompense à la communauté. La solution a été confirmée par une réponse du ministre de la Justice qui a qualifié le contrat d'assurance-vie d'acquêt de communauté devant être réintégré dans l'actif commun[1].

B. Contrat d'assurance au regard du droit des obligations : droits des créanciers

Le droit des obligations confère aux créanciers un droit de gage général sur le patrimoine de leur débiteur, droit pour la défense duquel ils disposent de certaines actions, notamment l'action oblique, l'action paulienne et les procédures collectives d'apurement du passif, lorsque le débiteur est un commerçant[2]. Ces actions peuvent-elles recevoir application en matière d'assurance-vie ?

La réponse est négative, car en droits des assurances français et congolais, les droits du souscripteur en matière d'attribution du bénéfice de l'assurance sont strictement personnels, et ne peuvent de ce fait être exercés de son vivant ni par ses créanciers ni par ses représentants légaux[3].

Aussi, le droit des assurances ne peut permettre aux créanciers d'exercer des droits sur le capital ou la rente assurés car ce capital n'a jamais fait partie du patrimoine de leur débiteur, et n'a donc pu « créer ou accroître son insolvabilité »[4].

L'examen des droits des créanciers en matière d'assurance-vie nécessite, d'une part, d'opérer une dis-

---

[1] Rép. min. PRORIOL, JOAN, 10 novembre 2009, n° 27336, p. 107.
[2] Y. LAMBERT-FAIVRE et L. LEVENEUR, *op. cit.*, p. 847.
[3] Art. 132-9 du CAF et art. 256 du CAC.
[4] Y. LAMBERT-FAIVRE et L. LEVENEUR, *ibid.*, p. 848.

tinction entre les créanciers du souscripteur et ceux du bénéficiaire et, d'autre part, de vérifier leurs droits éventuels sur les primes et sur la provision mathématique du contrat.

1. Droit au bénéfice

Il y a lieu de distinguer entre les créanciers du souscripteur et ceux du bénéficiaire.

a) Les créanciers du souscripteur

Le capital ou la rente garantis au profit d'un bénéficiaire déterminé ne peuvent être réclamés par les créanciers du contractant. Ces derniers peuvent seulement demander le remboursement des primes manifestement exagérées eu égard aux facultés du contractant.

Quand le souscripteur a stipulé pour lui-même, il prend la qualité de bénéficiaire. Le droit au bénéfice faisant alors partie de son patrimoine et la prestation devient accessible à ses créanciers[1]. Mais ces derniers doivent attendre que la prestation soit exigible par le terme ou par le décès du souscripteur pour pouvoir exercer leurs droits, par le biais des voies d'exécution : saisie-attribution ou avis à tiers détenteur lorsque le créancier est l'État[2].

Mais tant que le contrat n'est pas encore dénoué, le souscripteur, et lui exclusivement, peut attribuer ou révoquer le bénéfice, racheter ou réduire le contrat ou obtenir une avance. Ces droits étant personnels, le créancier ne peut ni les exercer, ni les faire annuler.

---

[1] L. MAYAUX, *op. cit.*, n° 378.

[2] *Idem*,

b) Les créanciers du bénéficiaire

Dans le cas où le souscripteur aurait désigné, dans le cadre d'une assurance décès, un tiers comme un bénéficiaire, le bénéfice de l'assurance peut être appréhendé par ses créanciers. C'est la solution consacrée par les articles L. 132-14 du CAF et 259 du CAC qui disposent que « les sommes stipulées au profit d'un bénéficiaire déterminé ne peuvent être réclamées par les créanciers du contractant ». Ainsi, dès l'acceptation du bénéficiaire, les droits acquis par celui-ci entrent dans son patrimoine et font en conséquence partie du gage général de ses créanciers.

2. Droit sur les primes

D'après les articles L. 132-14 du CAF et 259 du CAC précités, les créanciers du souscripteur ne disposent d'aucun droit sur le capital ou la rente garantis au profit d'un bénéficiaire déterminé et ils n'ont pas, non plus, de droit sur les primes payées. Ils ne peuvent en revendiquer le retour à l'actif que dans la mesure où elles ont été « manifestement exagérées eu égard aux facultés du souscripteur », leur débiteur.

En pratique, au regard des créanciers, la mise en œuvre de la notion de primes manifestement exagérées pourrait être facilitée dans l'hypothèse de souscription « tardive » (au regard de l'âge, de l'existence d'une maladie…), induisant une probabilité accrue de voir la souscription bénéficier à un tiers. Cette probabilité majorée pourrait démontrer l'absence d'intérêt du contrat critiqué pour son souscripteur-assuré[1].

Dans une approche encore plus protectrice du « droit économique des créanciers », l'exagération pourrait découler de la seule insolvabilité du souscripteur. En toute

[1] P. BAILLOT, « L'insaisissabilité des contrats d'assurance-vie », *La Semaine Juridique Entreprise et Affaires* n° 10, 5 mars 2009, p. 12.

hypothèse, si le caractère « manifestement exagéré » des primes est avéré, les créanciers pourront agir sur le fondement, soit de l'action paulienne[1], soit de l'action en nullité de la période suspecte[2].

3. Droit sur la provision mathématique

Au lieu d'attendre le dénouement du contrat pour saisir les droits attribués, les créanciers du souscripteur peuvent tenter de saisir entre les mains de l'assureur la valeur de rachat du contrat.

Le droit de rachat, qui était à l'origine un simple droit de résiliation unilatéral, est devenu une clause essentielle du contrat[3]. L'assuré est donc en mesure de récupérer librement tout ou partie de son épargne. Dès lors, il importe de différencier les obligations et, par conséquent, le régime juridique applicable. C'est l'élément central du débat sur une éventuelle satisfiabilité des fonds déposés.

Il convient de rappeler que le souscripteur d'un contrat d'assurance-vie ne possède pas une créance à l'encontre de la compagnie, auprès de laquelle il aura souscrit un contrat. « Le souscripteur, sauf quand il a stipulé pour lui-même, n'est pas un créancier de l'assureur ». Ainsi, « tant que le souscripteur n'a pas demandé le rachat, il n'est pas créancier de la valeur de rachat, et la compagnie d'assurances n'est pas débitrice »[4].

L'insaisissabilité de la garantie du contrat d'assurance-vie et de la valeur du contrat, avant son échéance, constitue une règle importante pour le souscripteur. Celle-ci se justifie parfaitement au regard de la stipulation pour autrui

---

[1] Action légale en droit français (prévue par l'art. 1167 du Code civil français).

[2] Art. L. 632-1 et L. 632-2 du Code de commerce français.

[3] E. DROIN, « Le régime de l'assurance-vie face aux créanciers de l'assuré », *PA*, 22 octobre 1997, n° 127, p. 18.

[4] L. MAYAUX, *op. cit.*, n° 380, p.

et du caractère aléatoire du contrat[1]. En effet, avant l'arrivée du terme du contrat, l'assureur n'est pas débiteur de la garantie et le créancier du souscripteur n'est pas en droit de se faire attribuer ce que ce dernier ne peut recevoir[2].

Sur le plan jurisprudentiel, la Haute Cour française refuse depuis la fin du XIXe siècle d'accorder au créancier tout droit de poursuite sur la police d'assurance[3]. Le refus d'appréhender les sommes placées sur un contrat d'assurance-vie est opposable à tous les créanciers, y compris l'administration fiscale[4].

Sont également sans effet sur la valeur de rachat du contrat le redressement ou la liquidation judiciaire du souscripteur. Ainsi, il a été jugé que malgré son dessaisissement, seul le souscripteur d'un contrat d'assurance-vie, débiteur en liquidation judiciaire, peut demander le rachat[5].

Notons enfin que la loi du 6 décembre 2013 relative à la lutte contre la fraude fiscale a prévu une dérogation spéciale au fisc en lui permettant d'appréhender les sommes placées au sein de contrats d'assurance-vie.

Toutefois, le champ de cette possibilité est limité à la part rachetable de ces contrats, seule part pouvant être assimilée à une épargne détenue par le souscripteur. En outre, elle ne porterait que sur la part en euros des con-

---

[1] Cass. 2e civ., 10 février 2011, n° 10-12172, EDAS, 2011, n° 4, p. 6, note, M. LEROY.

[2] Cass. 2e civ., 10 février 2011, n° 10-12.172, JurisData n° 2011-001421.

[3] Cass. civ., 16 janvier 1888, in *Grands arrêts du droit des assurances*, C.-J. BERR et H. GROUTEL, éd. Sirey, 1978.

[4] Cass. 1re civ., 28 avril 1998, RGDA, 1998, p. 309, note J. BIGOT.

[5] Cass. com., 11 décembre 2012, n° 11-27437, EDAS, 2013, n° 2, p. 6, note M. LEROY.

trats, plus facilement mobilisable par les organismes proposant des contrats d'assurance-vie[1].

---

[1] Sénat, Rapport n° 738 (2012-2013) de M. Alain ANZIANI, fait au nom de la commission des lois, déposé le 10 juillet 2013.

CONCLUSION

Pour la vérification de l'adéquation de la conception socio-économique et juridique du contrat d'assurance-vie avec la réalité pratique de la commercialisation de ce contrat, nous avons jugé nécessaire de procéder à une étude des différents dispositifs d'incitation à l'assurance-vie en France et en République démocratique du Congo.

Le droit congolais consacre à ce jour la suppression du monopole, la libéralisation du marché de l'assurance et son ouverture à la concurrence, il institue un droit spécifique des assurances modernes, sous la forme d'un code et édicte, dans les différents livres qu'il comporte, un ensemble des règles.

Les diverses réformes législatives et réglementaires introduites à la loi de 1930 relative au contrat d'assurance ont eu pour principal objectif le renforcement de la protection des assurés et des bénéficiaires de contrats d'assurance-vie.

Concernant la conception juridique du contrat d'assurance-vie, observons que le cadre juridique relatif au contrat d'assurance en France a été fidèlement retranscrit par le législateur congolais dans la loi n° 15/005 du 17 mars 2015 portant Code des assurances Congolais, à la seule différence, le Code congolais des assurances, nouveau-né, pose çà et là des dispositions lapidaires qui, une fois confrontées à la réalité, nécessiteront des éclaircissements pour une bonne gestion des sinistres ;

tandis que le Code français d'assurances s'est enrichi, compte tenu de sa longue expérience et de sa jurisprudence.

Ainsi, comparativement au droit français, le droit congolais aura des lacunes en pratique, une fois l'agrément accordé aux sociétés d'assurances dans divers domaines dont les principaux sont les suivants : l'obligation d'information et de conseil du souscripteur préalablement à la conclusion du contrat, le droit de renonciation conféré au souscripteur, le droit au rachat sans restriction, la souscription du contrat en ligne, le délai de paiement de la prestation assurée et enfin la recherche des bénéficiaires des contrats non réclamés.

En effet, les axes sur lesquels le droit français a évolué ces deux dernières décennies peuvent être résumés comme suit :

– l'obligation d'information et de conseil du souscripteur préalablement à la conclusion du contrat ;

– la substitution du système de la déclaration spontanée des risques par l'assuré par le système fermé de questionnaires ;

– l'encadrement spécifique pour les contrats d'assurance-vie souscrits par des majeurs placés sous tutelle ou curatelle ;

– le démarchage des assurés ;

– la conclusion du contrat à distance ;

– le droit de renonciation ;

– les droits du souscripteur sur la provision mathématique, après l'acceptation de l'attribution bénéficiaire ;

– le droit au rachat, quelles que soient les primes versées ;

– le délai de paiement des prestations ;

– la recherche des bénéficiaires des contrats non réclamés ;

– la prescription du contrat lorsque le bénéficiaire est une personne distincte du souscripteur ;

– le dispositif régissant les contrats non réclamés.

D'où le contrat d'assurance-vie, tout en étant un atout économique, aura des difficultés majeures pour s'asseoir dans un environnement comme celui de la République démocratique du Congo, et cela, non seulement au niveau de la conception juridique, mais ensuite au niveau de sa conception sociale.

Au niveau juridique, comme nous venons de le dire ci-haut, le droit congolais aura des difficultés pour assurer une protection suffisante des intérêts des souscripteurs, assurés et bénéficiaires de contrats d'assurance-vie, à cause de certaines lacunes des dispositions sur des cas détaillés de règlement des sinistres.

Concernant la conception socio-économique du contrat d'assurance-vie, l'étude comparative avec le droit des assurances français nous révèle que la difficulté majeure que connaîtra l'assurance-vie pour s'épanouir sera attribuée essentiellement à la faiblesse du pouvoir d'achat en République démocratique du Congo. Ainsi, l'assurance-vie appellera en République démocratique du Congo des besoins supérieurs ; or, le Congolais est encore préoccupé par la satisfaction de ses besoins inférieurs. D'où la faiblesse dudit pouvoir d'achat se traduira notamment par un faible degré de pénétration de l'assurance-vie dans la société congolaise.

Quant au rôle économique, il y a lieu de constater cependant que l'assurance-vie jouera, tant en France qu'en République démocratique du Congo, un rôle indéniable dans le financement de l'économie.

TABLE DES MATIÈRES

Structures éditoriales du groupe L'Harmattan

L'Harmattan Italie
Via degli Artisti, 15
10124 Torino
harmattan.italia@gmail.com

L'Harmattan Hongrie
Kossuth l. u. 14-16.
1053 Budapest
harmattan@harmattan.hu

L'Harmattan Sénégal
10 VDN en face Mermoz
BP 45034 Dakar-Fann
senharmattan@gmail.com

L'Harmattan Cameroun
TSINGA/FECAFOOT
BP 11486 Yaoundé
inkoukam@gmail.com

L'Harmattan Burkina Faso
Achille Somé – tengnule@hotmail.fr

L'Harmattan Guinée
Almamya, rue KA 028 OKB Agency
BP 3470 Conakry
harmattanguinee@yahoo.fr

L'Harmattan RDC
185, avenue Nyangwe
Commune de Lingwala – Kinshasa
matangilamusadila@yahoo.fr

L'Harmattan Congo
67, boulevard Denis-Sassou-N'Guesso
BP 2874 Brazzaville
harmattan.congo@yahoo.fr

L'Harmattan Mali
Sirakoro-Meguetana V31
Bamako
syllaka@yahoo.fr

L'Harmattan Togo
Djidjole – Lomé
Maison Amela
face EPP BATOME
ddamela@aol.com

L'Harmattan Côte d'Ivoire
Résidence Karl – Cité des Arts
Abidjan-Cocody
03 BP 1588 Abidjan
espace_harmattan.ci@hotmail.fr

L'Harmattan Algérie
22, rue Moulay-Mohamed
31000 Oran
info2@harmattan-algerie.com

L'Harmattan Maroc
5, rue Ferrane-Kouicha, Talaâ-Elkbira
Chrableyine, Fès-Médine
30000 Fès
harmattan.maroc@gmail.com

Nos librairies en France

Librairie internationale
16, rue des Écoles – 75005 Paris
librairie.internationale@harmattan.fr
01 40 46 79 11
www.librairieharmattan.com

Lib. sciences humaines & histoire
21, rue des Écoles – 75005 Paris
librairie.sh@harmattan.fr
01 46 34 13 71
www.librairieharmattansh.com

Librairie l'Espace Harmattan
21 bis, rue des Écoles – 75005 Paris
librairie.espace@harmattan.fr
01 43 29 49 42

Lib. Méditerranée & Moyen-Orient
7, rue des Carmes – 75005 Paris
librairie.mediterranee@harmattan.fr
01 43 29 71 15

Librairie Le Lucernaire
53, rue Notre-Dame-des-Champs – 75006 Paris
librairie@lucernaire.fr
01 42 22 67 13

www.ingramcontent.com/pod-product-compliance
Lightning Source LLC
LaVergne TN
LVHW021230061026
849535LV00008B/3002
* 9 7 8 2 3 4 3 1 8 9 6 9 7 *